토르플
한 걸음씩
완성하기
1급
개정판

토르플 한 걸음씩 완성하기 1급 개정판

초판 발행 2017년 07월 07일
개정 초판 2020년 03월 25일

지은이 И. Б. Череповская, Е. Д. Джола, Л. С. Немцева

펴낸이 김선명
펴낸곳 뿌쉬낀하우스
편집 Evgeny Shtefan, Ilona Istomina, 김영실, 엄올가
디자인 박은비

주소 서울시 중구 동호로 15길 8, 리오베빌딩 3층
전화 02) 2237-9387
팩스 02) 2238-9388
홈페이지 www.pushkinhouse.co.kr

출판등록 2004년 3월1일 제2004-0004호
ISBN 979-11-7036-032-2 13790

© И. Б. Череповская, 2016
© Pushkin House, 2020

저작권법에 의해 한국 내에서 보호를 받는 저작물이므로 무단 전재와 무단 복제를 금합니다.

※ MP3 파일은 뿌쉬낀하우스 홈페이지(www.pushkinhouse.co.kr)에서 무료로 내려받을 수 있습니다. 또한 스마트폰을 통해 QR코드를 스캔하면 듣기 영역 MP3 파일을 바로 청취할 수 있습니다.

러시아어 토르플 준비서

토르플 한 걸음씩 완성하기

I сертификационный уровень 1급 개정판

И. Б. Череповская, Е. Д. Джола, Л. С. Немцева 지음

뿌쉬낀하우스

ПРЕДИСЛОВИЕ

Основной задачей пособия «Шаг за шагом к совершенству – I» является подготовка студентов и слушателей курсов русского языка как иностранного к экзаменам I сертификационного уровня общего владения русским языком.

Пособие состоит из 5 тематических частей: «Грамматика. Лексика» (5 занятий), «Чтение» (6 занятий), «Письмо» (3 занятия), «Аудирование» (3 занятия), «Говорение» (3 занятия). Языковой, речевой и собственно коммуникативный материал, содержащийся в пособии, соответствует Требованиям по русскому языку как иностранному, утвержденным приказом Минобрнауки РФ от 1.04.2014 №255 «Об утверждении уровней владения русским языком и требований к ним», и является достаточным для повторения языкового материала и активизации речевых умений и навыков при подготовке к экзаменам ТРКИ-1. Задания, используемые в пособии, построены по принципу заданий ТРКИ-1, что готовит слушателей к адекватному восприятию процедуры тестирования.

Пособие рассчитано в среднем на 26–30 учебных часов индивидуальных или групповых занятий. Настоящее пособие является дополненным и переработанным вариантом книг:

1. Н. Ю. Бойко, И. Б. Череповская, Н. Б. Золкина, Л. В. Зимина «Шаг за шагом – к совершенству. Пособие по подготовке к экзаменам I, II и III сертификационных уровней общего владения русским языком», изданной в 2004 г. в издательстве Дальневосточного университета (г. Владивосток)

2. Белоус Б. С. (отв. редактор), Череповская И. Б., Золкина Н. Б., Зимина Л. В., Джола Е. Д., Немцева Л. С. «Шаг за шагом – к совершенству. Пособие по подготовке к экзаменам I сертификационного уровня общего владения русским языком. Изд-е 2-е, испр. и перераб.», изданной в издательстве Дальневосточного университета в 2010 г.

Авторы выражают благодарность всем преподавателям Центра русского языка и культуры ДВФУ за предоставленные материалы.

목차

토르플 길라잡이	6		제4부. 듣기	117
			1강	118
제1부. 어휘. 문법	9		2강	123
1강	10		3강	128
2강	15			
3강	23		제5부. 말하기	133
4강	32		1강	134
5강	41		2강	139
6강	47		3강	143
제2부. 읽기	67		부록	149
1강	68		1. 어휘 · 문법 실전 테스트	150
2강	71		2. 동사 정리	165
3강	76		3. 듣기 텍스트 전문	170
4강	80		4. 해답	178
5강	86		5. 쓰기 · 말하기 예시 답안	185
6강	89			
7강	94			
제3부. 쓰기	99			
1강	100			
2강	103			
3강	108			
4강	110			
5강	112			

1. 토르플 시험이란?

토르플(TORFL)은 'Test of Russian as a Foreign Language'의 약자로 러시아 교육부 산하기관인 '러시아어 토르플 센터'에서 주관하는 외국인 대상 러시아어 능력 시험이다. 기초 단계에서 4단계까지 총 여섯 단계로 나뉘어 있으며 시험 과목은 어휘·문법, 읽기, 듣기, 쓰기, 말하기의 다섯 영역으로 구성되어 있다. 현재 토르플은 러시아 내 대학교의 입학 시험, 국내 기업체, 연구소, 언론사 등에서 신입사원 채용 시험 및 직원들의 러시아어 실력 평가를 위한 방법으로 채택되고 있다.

2. 토르플 시험 단계

토르플 시험은 기초단계, 기본단계, 1단계, 2단계, 3단계, 4단계로 나뉘어 있다.

· 기초단계 (элементарный уровень)
  일상생활에서 필요한 최소한의 러시아어 구사가 가능한 가장 기초 단계이다.

· 기본단계 (базовый уровень)
  일상생활에서 필요한 기본적인 의사 소통이 가능한 단계이다.

· 1단계 (I сертификационный уровень)
  일상생활에서의 자유로운 의사소통뿐만 아니라, 사회, 문화, 역사 등의 분야에서 러시아인과 대화가 가능한 공인단계이다. 러시아 대학에 입학하기 위해서는 1단계 인증서가 필요하며, 국내에서는 러시아어문계열 대학졸업시험이나 기업체의 채용 및 사원 평가 기준으로도 채택되고 있다.

· 2단계 (II сертификационный уровень)
  원어민과의 자유로운 대화뿐만 아니라, 문화, 예술, 자연과학, 공학 등 전문 분야에서도 충분히 의사소통이 가능한 공인단계이다. 2단계 인증서는 러시아 대학의 비어문계 학사 학위 취득을 위한 요건이며 석사 입학을 위한 자격 요건이기도 하다. 1단계와 마찬가지로 국내에서는 러시아어문계열 대학졸업시험이나 기업체의 채용 및 사원 평가 기준으로도 채택되고 있다.

· 3단계 (III сертификационный уровень)

사회 전 분야에 걸쳐 고급 수준의 의사소통 능력을 지니고 있어 러시아어로 전문적인 활동이 가능한 공인단계이다. 러시아 대학의 비어문계열 석사와 러시아어문학부 학사 학위를 취득하기 위해서 3단계 인증서가 필요하다.

· 4단계 (IV сертификационный уровень)

원어민에 가까운 러시아어 구사 능력을 지니고 있는 가장 높은 공인단계로, 이 단계의 인증서를 획득하면 러시아어문계열의 모든 교육과 연구 활동이 가능하다. 4단계 인증서는 러시아어문학부 석사, 비어문계열 박사, 러시아어 교육학 박사 등의 학위를 취득하기 위한 요건이다.

3. 토르플의 시험영역

토르플 시험은 어휘·문법, 읽기, 듣기, 쓰기, 말하기의 다섯 영역으로 구성되어 있다.

· 어휘·문법 영역 (ЛЕКСИКА. ГРАММАТИКА)
객관식 필기 시험으로 어휘와 문법을 평가한다. (*사전 이용 불가)

· 읽기 영역 (ЧТЕНИЕ)
객관식 필기 시험으로 주어진 본문과 문제를 통해 독해 능력을 평가한다. (*사전 이용 가능)

· 듣기 영역 (АУДИРОВАНИЕ)
객관식 필기 시험으로 들려 주는 본문과 문제를 통해 이해 능력을 평가한다. (*사전 이용 불가)

· 쓰기 영역 (ПИСЬМО)
주관식 필기 시험으로 주제에 알맞은 작문 능력을 평가한다. (*사전 이용 가능)

· 말하기 영역 (ГОВОРЕНИЕ)
주관식 구술 시험으로 주어진 상황에 적합한 말하기 능력을 평가한다. (*사전 이용이 가능한 문제도 있음)

4. 토르플 시험의 영역별 시간

구 분	기초 단계	기본 단계	1단계	2단계	3단계	4단계
어휘·문법 영역	50분	50분	60분	90분	90분	60분
읽기 영역	50분	50분	50분	60분	60분	60분
듣기 영역	30분	30분	35분	35분	35분	45분
쓰기 영역	40분	50분	60분	55분	75분	80분
말하기 영역	25분	40분	60분	45분	45분	50분

*토르플 시험의 영역별 시간은 시험 시행기관마다 조금씩 다를 수 있습니다.

5. 토르플 시험의 영역별 만점

구분	기초 단계	기본 단계	1단계	2단계	3단계	4단계
어휘·문법 영역	100	110	165	150	100	141
읽기 영역	120	180	140	150	150	136
듣기 영역	100	180	120	150	150	150
쓰기 영역	80	80	80	65	100	95
말하기 영역	130	180	170	145	150	165
총 점수	530	730	675	660	650	687

6. 토르플 시험의 합격 점수

구분	기초 단계	기본 단계	1단계	2단계	3단계	4단계
어휘·문법 영역	75–100점 (66%이상)	82–110점 (66%이상)	109–165점 (66%이상)	99–150점 (66%이상)	66–100점 (66%이상)	93–141점 (66%이상)
읽기 영역	90–120점 (66%이상)	135–180점 (66%이상)	92–140점 (66%이상)	99–150점 (66%이상)	99–150점 (66%이상)	89–136점 (66%이상)
듣기 영역	75–100점 (66%이상)	135–180점 (66%이상)	79–120점 (66%이상)	99–150점 (66%이상)	99–150점 (66%이상)	99–150점 (66%이상)
쓰기 영역	60–80점 (66%이상)	60–80점 (66%이상)	53–80점 (66%이상)	43–65점 (66%이상)	66–100점 (66%이상)	63–95점 (66%이상)
말하기 영역	98–130점 (66%이상)	135–180점 (66%이상)	112–170점 (66%이상)	96–145점 (66%이상)	99–150점 (66%이상)	108–165점 (66%이상)

Занятие 1

1강

1 Выберите правильный вариант

Часть 1

1. Центральная улица Владивостока … Светланской в честь фрегата «Светлана», посетившего наш город одним из первых. 2. Позже улицу … именем В. И. Ленина.	(А) называется (Б) назвали (В) звали
3. Студенты из разных стран … здесь по-русски. 4. Они … новым друзьям о традициях своей родины.	(А) рассказывают (Б) разговаривают
5. Вчера на уроке мы … фильм о заповедниках Приморья. 6. Анна и Сергей … вчера в театре нашего преподавателя.	(А) видели (Б) смотрели
7. Этой … картине, как сказал нам экскурсовод в музее, более 300 лет. 8. Моей … сестре в этом году исполнится 34 года.	(А) старой (Б) старинной (В) старшей
9. Эти экономические … волнуют сегодня не только политиков, но и учёных. 10. Дети не могли решить эти … без помощи учителя.	(А) упражнения (Б) задачи (В) проблемы

Часть 2

11. Я попросил … купить мне эту книгу. 12. … учится в пятом классе.	(А) мой младший брат (Б) своего младшего брата (В) своему младшему брату
13. В январе на школьном собрании уже обсуждался … . 14. Мой сосед – учёный-физик, он разбирается … . 15. Я слышал, ты тоже интересуешься … ?	(А) этот серьёзный вопрос (Б) этим серьёзным вопросом (В) в этом серьёзном вопросе
16. Работники … были одеты в одинаковые рубашки синего цвета. 17. Худой старик сидел в углу грязного … . 18. Марина нечасто заходила перекусить … .	(А) станционного буфета (Б) станционный буфет (В) в станционный буфет
19. Летом мы поедем в Хабаровск … . 20. Мы будем жить там у друзей … .	(А) месяц (Б) в месяц (В) на месяц
21. Они приехали во Владивосток … . 22. Он возвращается домой … .	(А) месяц назад (Б) через месяц
23. Я хочу приехать сюда ещё раз … . 24. … они проведут в Лондоне. 25. В сентябре … я вернусь домой.	(А) следующего года (Б) следующий год (В) на следующий год

Часть 3

26. Вчера мне удалось … билеты в Большой театр.	(А) купить (Б) покупать (В) купил
27. Всю жизнь она мечтала … последнюю книгу, написанную отцом незадолго до смерти.	(А) издавать (Б) издать (В) издала
28. Ивана Николаевича нет, он … на пять минут. 29. Он шёл медленно и только через час … к своей даче. 30. Он бросил письмо в ящик и быстро … от него.	(А) отошёл (Б) вышел (В) подошёл
31. Не торопись, мы … слишком быстро. 32. Вместе с преподавателем мы сейчас … в научный музей ДВГУ. 33. Летом мы каждый день … на пляж купаться.	(А) идём (Б) ходим
34. … грамматику нового урока, преподаватель много писал на доске. 35. … новый материал, он начал задавать вопросы. 36. Он всегда волнуется, … что-то.	(А) объясняя (Б) объяснив

Часть 4

37. Я смотрел фильм, … мне много рассказывал отец. 38. Он хорошо помнит город, … он родился.	(А) о котором (Б) в котором

39. Я хорошо знаю преподавателя, который … 40. Я не знаю преподавателя, с которым …	(А) разговаривает со студентом (Б) ты ищешь (В) ты поздоровался
41. Этот учебник написан для студентов, … . 42. Студенты, … , разговаривают на уроках только по-русски.	(А) изучающие русский язык (Б) изучающих русский язык (В) изучающим русский язык
43. Костюм, … , очень понравился дочери. 44. Бизнесмен, … телевизор детскому дому, не назвал своей фамилии журналистам.	(А) подаривший к Новому году (Б) подаренный к Новому году
45. Я давно хотел сказать, … я об этом думаю. 46. Он пришёл, … высказать своё мнение по этому вопросу. 47. Мой брат хочет, … я изучал испанский язык. 48. Она приехала в Россию, … изучать русский язык.	(А) что (Б) чтобы
49. … приехать в Россию, я изучал русский язык в своём университете. 50. Он почувствовал себя лучше, … переехал в центральную часть России. 51. … начать работу, обдумай всё хорошенько.	(А) после того как (Б) перед тем как

52. … я готовлю обед, я не люблю отвлекаться на телефон. 53. … ты не позвонишь, он не придёт. 54. … он неглупый человек, я не верю в успех его проекта. 55. Он отлично говорит по-русски, … и пишет с ошибками.	(А) хотя (Б) если (В) когда
56. Мария дописала письмо … пошла готовить ужин. 57. Я знаю, что на улице тепло, … мне совсем не хочется гулять. 58. На улице ветер, морось, … дома тепло и уютно. 59. Она умеет шить … прекрасно готовит.	(А) и (Б) а (В) но

Занятие 2

2강

1 Прочитайте.

РОДИТЕЛЬНЫЙ ПАДЕЖ – (2)

▸ Чей? Чьё? Чья? Чьи? — Это книга *моего старшего брата*.

▸ Какой? Какая? Какое? Какие?/Чего? — Она пришла на встречу в модной куртке *красного цвета*. Студенты *экономического университета* прибыли на практику. Они встретились в декабре *тысяча девятьсот восемьдесят пятого года*. Купи мне, пожалуйста, бутылку *минеральной воды*. Мы изучаем произведения *русских классиков*. Шум *дождя* мешал нам спать.

▸ Какой? (= из чего?) — Муж подарил жене кольцо **из** *белого золота*.

▸ Нет, не было, не будет — Вчера не было *дождя*. У меня нет *красной ручки*. *Директора* завтра не будет.

▸ Откуда? — Они приехали **из** *Северной Америки*. Она только вчера прилетела **с** *Камчатки*. Я вернулась **с** *работы* поздно.

▸ Откуда? (= от кого?) — Я получил письма **от** *друга* и **от** *родителей*.

▶ Где?	– Квартира брата находится **справа от** *лестницы*. **Около** *его дома* построили магазин. **Напротив** *магазина* – аптека. **Недалеко от** *школы* построили стадион. **Вокруг** *дома* росли цветы. Большой обеденный стол стоял **посредине** *комнаты*.
▶ Где (= у кого)?	– Каникулы он провёл в гостях **у** *близкого друга*.
▶ Для кого / чего?	– Он купил журнал **для** *младшей сестры*. Она купила фрукты **для** *салата*.
▶ Без кого / чего?	– Мне скучно **без** *моих друзей*. Я пришёл на урок **без** *словаря*.
▶ Сколько?	– **Сколько** у вас *друзей*? У меня **много** *друзей*. У Антона **два** *друга*. Надо принести на урок **пять** *тетрадей*.
▶ Когда? (Какого числа?)	– Максим прилетает *пятого декабря*.
▶ Когда? (до, после, с… до… , около, во время)	– Он занимается теннисом **с** *двух* до *трёх*. **Во время** *урока* слушайте внимательно, не разговаривайте. **После** *обеда* вам надо отдыхать. **С** *утра* **до** *вечера* студенты готовятся к экзамену.

ДАТЕЛЬНЫЙ ПАДЕЖ – (3)

▶ Кому?	– Сестра купила подарок *маленькому брату*.

▶ Куда? (= к кому? / к чему?)	– Я еду на консультацию **к** *известному профессору*. Машина подъехала **к** *дому*.
▶ Когда? (= к какому времени?)	– Подготовьте документы **к** *первому марта*.
▶ Как часто? (по)	– Мы ходим в бассейн **по** *выходным дням*.

ВИНИТЕЛЬНЫЙ ПАДЕЖ – (4)

▶ Кого? Что?	– Я встретил *своего товарища*. Утром я всегда читаю *свежие газеты*.
▶ Куда?	– Я иду **в** *кабинет* директора.
▶ Как часто?	– *Каждую неделю* она ходит к врачу.
▶ Как долго?	– *Весь день* идёт дождь. Мы не встречались *целый год*!
▶ Когда? (час, день недели)	– Мы договорились встретиться **в** *два часа*. **В** *субботу* они идут в Большой театр.
▶ Когда? (через)	– Мы будем писать тест **через** *неделю*.

ТВОРИТЕЛЬНЫЙ ПАДЕЖ – (5)

▶ Чем? Кем?	– Она любит писать *зелёной ручкой*. Родители гордятся *сыном*.

| ▶ С кем? С чем? | – Мы много разговаривали **с** *нашим преподавателем*. Я люблю бутерброды **с** *колбасой*. |

| ▶ Где? | – Аптека находится **между** *магазином и рынком*. Ковёр висит **над** *диваном*. Кот любил спать **под** *столом*. **Рядом с** *университетом* построили супермаркет. Машина остановилась **перед** *подъездом*. Детская площадка находится **за** *домом*. |

| ▶ Когда? (перед, за) | – **Перед** *уроком* надо зайти в библиотеку. Мы решили поговорить об этом **за** *обедом*. |

ПРЕДЛОЖНЫЙ ПАДЕЖ – (6)

| ▶ Где? | – Я живу **в** *маленькой квартире*. Она работает **на** *трикотажной фабрике*. |

| ▶ О ком? О чём? | – Мы много читали **о** *Пушкине* и **о** *его стихах*. |

| ▶ Когда? (= на какой неделе, в каком году, в каком веке) | – **На** *этой неделе* снега не будет. **В** *прошлом году* мы ездили отдыхать в Крым. **В** *XXI веке* нас ожидают большие перемены. |

| ▶ Когда? (при, в) | – **В** *детстве* я часто ходил на рыбалку с отцом. Я пообещал отдать журнал **при** *встрече*. |

2 Ответьте на вопросы, используя слова *молодой преподаватель* и *активная студентка*.

1. Кто вошёл в аудиторию?
2. Чья это книга?
3. Кому студенты отдали свои работы?
4. Кого студенты выбрали председателем собрания?
5. С кем студенты работают в лаборатории?
6. О ком была статья в газете?

3 Придумайте по 6 предложений со словами *его сыновья, яркое солнце* во всех падежных формах.

4 Поставьте слова в нужном падеже.

1. На концерте выступал … (академический хор). Выступление … всем понравилось.
2. Во дворе играли … (наши дети). Мы наблюдали за игрой … .
3. (Учительница) … объясняла правило грамматики. Объяснение … было всем понятно.
4. Его интересуют вопросы (международное право) …
5. В этом году в моей жизни было много (важные события) …
6. В экскурсии участвовало большинство (студенты нашей группы) …
7. К сожалению, у меня нет (новый номер журнала) …
8. Это подарок для (моя родная сестра) …
9. Она смотрела фильм без (всякий интерес) …
10. Этот магазин работает с (10:00) … до (18:00) …

5 Закончите предложения, используя *Слова для справок* и нужные предлоги.

1. Он медленно достал письмо … .
2. Я приду … поздно, не ждите меня.
3. Мама привела сына … только в шесть часов вечера.
4. Они приехали в Москву учиться … .
5. Ты принесла мне книгу … ?
6. Они приехали … загоревшие и отдохнувшие.

Слова для справок: сибирский город, детский сад, небольшой голубой конверт, это собрание, институтская библиотека, южный остров.

6 Вставьте в предложения слова из правой колонки в нужной форме.

1. Отец подарил … велосипед.	маленький сын
2. Врач запретил … курить.	мой отец
3. Шум мешает … заниматься.	серьёзная студентка
4. Я обещал принести … книгу.	ваши дети
5. Я написал письмо …	близкая подруга
6. Учитель посоветовал … больше читать.	мои сыновья
7. Преподаватель объяснил правило … .	новый ученик
8. Вы должны позвонить … .	ваша бабушка
9. … надо сдавать экзамены в июне.	все иностранные студенты
10. Я всегда помогаю … .	мои родители

7 Придумайте предложения с данными глаголами, используйте существительные в форме дательного падежа.

показывать _____   посоветовать _____
дать _____   задать вопрос _____
помогать _____   звонить _____
мешать _____   завидовать _____
ответить _____   доверять _____

8 Заполните пропуски в предложениях.

1. _____ скучно читать эту статью.
2. _____ интересно читать сказки.
3. _____ надо много заниматься.
4. _____ нельзя курить в общежитии.
5. _____ трудно изучать математику.
6. _____ нужно сегодня приготовить ужин.
7. _____ можно ложиться спать поздно.
8. _____ смешно говорить об этом.
9. _____ страшно гулять вечером.
10. _____ хорошо жить в России.

9 Заполните пропуски. Форму какого падежа вы использовали?

1. Студент рассказывает … (преподаватель) о своей работе.
2. Преподаватель внимательно слушает (студент) … .
3. Я помогаю изучать английский язык (моя подруга) … .
4. Я сидел далеко и плохо слышал слова (профессор) … .
5. Юноша фотографирует (красивая девушка) … на берегу моря.
6. Брат пишет письмо (старшая сестра) … .
7. Я был рад видеть (ваша мама) … . Передайте привет (ваша мама) … .

8. Мы хорошо знаем (Иван и Ольга) … .
9. Отец спросил (сын) … о погоде по телефону.
10. Сын хочет позвонить (отец) … ещё раз в субботу.

⑩ Выполните задания 26–62, 67–77 ЧАСТИ II итогового теста.

Занятие 3

3강

1 Ответьте на вопросы, используя слова справа.

1. Куда Таня положила книгу?
2. Где лежит книга?
3. Откуда она взяла книгу утром?
4. Куда ходит эта студентка?
5. Откуда она идёт сейчас?
6. Где она была весь день?

книжный шкаф

городская библиотека

2 Вставьте в предложения предлоги НА или ЗА.

1. Мальчик сделал домашнее задание … два часа.
2. Инженер уехал в командировку … месяц.
3. Позовите сюда Сергея … минуточку!
4. Этот дом построили всего … три месяца.
5. Мы решили уехать в лес … весь день.
6. Он ничего … весь день не сделал!
7. Все уехали, а он остался … час, чтобы закончить работу.
8. Антон пообещал мне дать книгу … все выходные.
9. Анна приготовила обед … два часа.
10. Мы оставили дочь у родителей … неделю.

3 Закончите предложения.

1. Мне нужно поговорить … (мой преподаватель).
2. Ты давно не был у нас. Что … (ты) случилось?
3. Я хотела познакомить тебя … (мои друзья).
4. Утром на завтрак она сделала бутерброды … (сыр и колбаса).
5. Мой друг увлекается … (классическая музыка).
6. Лампа висела … (письменный стол).
7. Мы любовались … (красивые старинные здания).
8. Надо здороваться … (преподаватели) каждое утро.
9. Мария занимается … (плавание и бег).
10. Дети любят беседовать (родители) по вечерам.

4 Ответьте на вопросы.

1. Чем вы режете овощи? А бумагу?
2. Чем любят рисовать дети?
3. Чем убирают снег?
4. Чем едят японцы, корейцы, китайцы?
5. Чем моют пол?
6. Чем пишет учитель на доске? А в тетради?
7. Чем нужно чистить зубы? А одежду?
8. Чем стирают бельё?
9. Чем закрывают дверь (замок)?
10. Чем обычно едят мясо?

5 Напишите предложения с данными глаголами.

встречать   встречаться
видеть   видеться

знакомить   знакомиться
интересовать   интересоваться
увлекать   увлекаться
советовать   советоваться

заниматься, прощаться, здороваться, разговаривать, дружить, спорить, гордиться, общаться, переписываться, ругаться

6 **Вставьте предлоги ЗА, ПЕРЕД, НАД, С, ПОД в предложения.**

1. … входом в дом была детская площадка.

2. … лекцией я пошёл в библиотеку … книгами.

3. Он беседовал … молодым преподавателем.

4. Наша ферма находится … этим лесом.

5. Самолёт летел низко … рекой.

6. Я нашёл свои перчатки … шляпой.

7 **Вставьте в предложения слова в нужной форме. Используйте *Слова для справок.***

1. Писатель написал повесть _____

2. Её брат живёт _____

3. Путешественники отдыхали _____

4. В газетах много писали _____

5. Дети весело играли _____

Слова для справок: берег моря, новый кинофестиваль, маленькая деревня, тень дерева, первый космонавт.

8 **Вставьте предлоги *В* или *НА*.**

1. … заводах и … фабриках работает много молодёжи.

2. Нужно пойти … почту и купить марки и конверты.

3. Мы пообедали … ресторане … вокзале.

4. В воскресенье мы поедем … выставку молодых художников.

5. Брата нет дома. Он … институте … лекции.

6. У нас … родине уже весна, а здесь ещё лежит снег.

7. Он любил пить чай … балконе.

8. Мы учимся … филологическом факультете … группе 522.

9. Завтра все идут … филармонию … концерт.

10. Приходите к нам … гости!

9 Объясните, как изменяет значение предложений предлог.

1. Я живу у товарища. Я живу около товарища.

2. Сделай это для меня. Сделай это за меня.

3. Помещения для библиотеки. Помещение библиотеки.

4. Учебник на русском языке. Учебник по русскому языку.

5. Два билета за десять рублей. Два билета по десять рублей.

6. Составил план на неделю. Составил план за неделю.

10 Вставьте в текст слова в нужной форме:

Вера Михайловна давно не была в _____ (свой родной город): два года она работала в _____ (Япония). Она с удовольствием шла по _____ (знакомая улица). Она заметила, что за _____ (школа) построили кинотеатр, а около _____ (школа) посадили много _____ (деревья). Вера Михайловна встретила _____ (свои ученики). Ребята рассказали ей о том, что изменилось в _____ (их жизнь) и в _____ (их город). Они сообщили, что напротив _____ (стадион) строят бассейн. Ребята рассказали, что летом они ездили в _____ (Москва). Они прожили в _____ (этот город) три дня. Потом они ездили на _____ (острова) в Белом море, много ходили по _____ (леса).

11 **Вставьте слова в предложения в нужной форме. Объясните ваш выбор.**

1. У (моя близкая подруга) два (малолетние сыновья).

2. В магазине можно купить (бытовая техника: современный компьютер, стиральная машина, магнитофон, видеокамера, музыкальный центр).

3. Благодарю (вы, внимание).

4. Помоги (свой хороший друг).

5. Мы бывали (разные города, разные страны, разные континенты).

6. Студенты занимаются разными видами спорта (лёгкая атлетика, гимнастика, плавание, фигурное катание, акробатика, классическая борьба, бег).

7. Я очень скучаю без (мои родители и друзья).

8. Я ненавижу (он) за (этот поступок).

9. Многие спортсмены примут участие (Олимпийские игры).

10. Мы любовались из окна (прекрасный вид города, река, красный костюм, её фигура, её походка).

11. Мои родители хотели, чтобы я был (художник), в детстве я думал, что буду (врач), а стал, как видите, (инженер).

12. Он выпил два (стакан, вода) и заказал блюдо (морская и речная рыба, овощи).

13. Я не люблю (злые, завистливые, глупые, недоброжелательные люди).

14. Я советую прочитать (романы, Лев Николаевич Толстой).

15. Можно поменять (билет, самолёт).

16. Мы должны заботиться (свои родители, родственники, родные, близкие, друзья).

17. Мой брат увлекается (симфоническая, классическая, популярная музыка, рок).

18. Максим любит пить чай (пироги, пирожки, пирожные, торт, мёд, шоколадные конфеты, карамель, леденцы, фрукты).

19. Студенты любят фотографировать (различные памятники, наша группа).

20. Марина пойдёт на вечеринку (вечернее платье, голубые джинсы, короткая юбка).

21. Я хочу тебя поздравить (Новый год, Рождество, Международный женский день, Первое мая, День Победы).

22. Московский государственный университет был основан (Михаил Васильевич Ломоносов, 1755 год).

23. Я хорошо играю (семиструнная гитара, гармонь, пианино).

24. Я часто вижу во сне (мои родители, моя семья, молодые красивые девушки, родной город, родные места).

25. За сколько (дни или недели) вы сможете закончить эту работу?

12 Выберите правильный вариант (время выполнения – 20 минут):

1. Анна давно не видела … .	(А) от младшего брата
2. Я получил письмо … .	(Б) младшему брату
3. Олег прислал телеграмму … .	(В) с младшим братом
	(Г) младшего брата
4. Я с детства увлекаюсь … .	(А) русская поэзия
5. Он подарил мне учебник … .	(Б) русской поэзией
6. Мне нравится … .	(В) по русской поэзии
	(Г) русской поэзии
7. Сергей опоздал … .	(А) на первое собрание
8. Мне не понравилось … .	(Б) первого собрания
9. Мы вчера были … .	(В) первое собрание
	(Г) на первом собрании

10. Я смотрел в театре очень … . 11. У меня заболела голова, и я ушёл … . 12. В газете написали … .	(А) интересную пьесу (Б) об интересной пьесе (В) с интересной пьесы (Г) интересной пьесой
13. Театр находится … . 14. Мы переехали … . 15. Новый маршрут автобуса проходит … .	(А) соседней улицы (Б) на соседней улице (В) по соседней улице (Г) на соседнюю улицу
16. Мы с друзьями обсуждали … . 17. Сейчас много говорят … . 18. Его не интересовала … .	(А) эта проблема (Б) этой проблемой (В) эту проблему (Г) об этой проблеме
19. Студенты совсем не знают … . 20. Я слышал много хорошего … . 21. Я вчера не смог встретиться … .	(А) о новом преподавателе (Б) с новым преподавателем (В) новому преподавателю (Г) нового преподавателя
22. Эту программу подготовила … . 23. В журналах я видел фотографии … . 24. Я передал эти журналы … .	(А) молодую журналистку (Б) молодая журналистка (В) молодой журналистке (Г) молодой журналистки
25. Я изучаю проблемы … . 26. Политики плохо представляют себе … . 27. В движении за мир участвует … .	(А) о современной молодёжи (Б) современную молодёжь (В) современной молодёжи (Г) современная молодёжь

28. Недавно меня познакомили … . 29. Гостиницу приготовили к встрече … . 30. На наш концерт приехали … .	(А) известные артисты (Б) известных артистов (В) известным артистам (Г) с известными артистами
31. Хозяева не всегда заботятся … . 32. Олег купил … специальный корм. 33. Эта женщина часто гуляет в парке … .	(А) со своими собаками (Б) своих собак (В) своим собакам (Г) о своих собаках
34. В кабинете работает двое … . 35. Здесь работает много … . 36. … пришли на конференцию. 37. Больного осматривают … .	(А) опытные врачи (Б) опытного врача (В) опытных врачей
38. Сколько у тебя … ? 39. Мои … работают на заводе. 40. Мне нужно позвонить … . 41. Мы знаем, что у Антона нет … .	(А) братьев (Б) братья (В) братьям
42. До конца работы оставалось … . 43. Фильм начался недавно, … . 44. Перерыв кончится … . 45. Концерт начнётся … .	(А) через пять минут (Б) 5 минут (В) 5 минут назад
46. Мой друг приехал в конце … . 47. … обычно бывает тёплая погода. 48. … прошёл незаметно. 49. Я начал работать … .	(А) в августе (Б) август (В) августа

50. Поездка в Петербург состоится … .	(А) следующий год
51. Поездка в Петербург состоится летом … .	(Б) в следующем году
	(В) следующего года
52. Эта выставка откроется … .	(А) будущая неделя
	(Б) на будущей неделе
	(В) будущую неделю
53. Я приехал в Москву … в 6 часов.	(А) суббота
	(Б) на субботу
	(В) в субботу
54. Он вернётся в Корею … .	(А) будущая весна
	(Б) в будущую весну
	(В) будущей весной
55. Студенты приехали изучать русский язык во Владивосток … .	(А) на 4 месяца
	(Б) 4 месяца
	(В) за 4 месяца

13 **Выполните задания 14–15 ЧАСТИ I, 63–66 ЧАСТИ II итогового теста.**

Занятие 4

4강

1 Прочитайте.

ВИД ГЛАГОЛА
Образование видовых пар глаголов:

1. ПРИСТАВКИ
писать/**на**писать
> Вчера я писал письмо. Вчера я написал письмо.

делать/**с**делать
> Ученик делал уроки. Ученик сделал уроки и пошёл гулять.

читать/**про**читать
> Завтра я буду читать рассказ. Завтра я прочитаю весь рассказ.

будить/**раз**будить
> Я долго будил сына. Я разбудил сына только через 10 минут.

строить/**по**строить
> Всё лето строили новую школу. Её построили к осени.

> Если в глаголе есть -ну-, совершенный вид образуется при помощи приставок ЗА-, О- и др.: сохнуть/засохнуть; слепнуть/ослепнуть и т. д.

2. СУФФИКСЫ
да**ва**ть/дать
сда**ва**ть/сдать
узна**ва**ть/узнать
> Студенты всё время хорошо сдавали экзамены. Этот экзамен они сдали отлично.

реш**а**ть/реш**и**ть
выполн**я**ть/выполн**и**ть
изуч**а**ть/изуч**и**ть
> Он решал трудную задачу весь вечер. Он сам решил её.

увлек**ать**/увле**чь**

помог**ать**/помо**чь**

    Врач помогает людям. Он не смог помочь дедушке.

крич**ать**/крик**н**уть

улыб**ать**ся/улыб**н**уться

    Ребёнок кричал не переставая. Ребёнок крикнул и замолчал.

3. ДРУГИЕ СЛОВА

говорить/**сказать**

брать/**взять**

искать/**найти**

    Весь день он искал пропавшую тетрадь. Он нашёл её поздно вечером.

4. УДАРЕНИЕ

отрез**а**ть/отр**е**зать

расс**ы**п**а**ть/расс**ы**пать

    Она срез**а**ла цветы целый час. Когда она ср**е**зала цветы, она поставила их в вазу.

    * Глаголы без видовой пары: утверждать, значить, руководить, принадлежать, состоять, участвовать, наблюдать, иметь и др.

② Вставьте глаголы в предложения.

1. Перед сном я всегда _____ окно, чтобы проветрить комнату. (открывать – открыть)

2. Андрей хорошо организует своё время и поэтому _____ посещать выставки и музеи, ходить на концерты. (успевать – успеть)

3. Ты не _____ о своём обещании? (забывать – забыть)

4. Он всегда слушает внимательно и никогда не _____ собеседника. (перебивать – перебить)

5. Когда мы _____ эту работу, у нас уже не осталось времени ни на что другое. (выполнять – выполнить)

6. Каждый месяц я _____ письма из дома. (получать – получить)

7. Я ходил на станцию _____ сестру, но не _____ её. (встречать – встретить)

8. Мы _____ весь тест и не нашли ошибок. (проверять – проверить)

9. Они _____ только две песни. (петь – спеть)

10. Ты со мной сегодня _____ ? (здороваться – поздороваться)

③ Ответьте на вопросы по модели.

Модель: – Сколько времени вы читали этот текст?
           – Мы *прочитали* этот текст за 10 минут.

1. Сколько времени вы переводили новые слова?
2. Сколько времени туристы осматривали музей?
3. Сколько времени учёный изучал этот вопрос?
4. Сколько времени вам нужно, чтобы сделать это упражнение?
5. Сколько времени они обсуждали результаты теста?
6. Как долго вы готовили это блюдо?
7. Как долго она объясняла детям это правило?
8. Как часто вы ходите в театр?
9. Сколько времени вы убираете свою комнату?
10. Вы долго делаете домашнее задание?

④ Задайте вопросы по модели. Используйте слова ЧАСТО, РЕДКО, ВСЕГДА.

Модель: – Анна вчера забыла свою тетрадь дома.
           – Она часто *забывает* свои тетради?

1. Позавчера я получил письмо от родителей.
2. В среду наши занятия кончились в 12 часов.
3. Мы сегодня опоздали на первый урок.

4. Сегодня она приготовила прекрасный завтрак для всей семьи.

5. Студент правильно ответил на вопросы преподавателя.

6. Миша сделал эту игрушку своими руками!

7. Я написала стихи.

8. Они пришли на занятия.

9. Вчера мы были в театре.

10. Он поздно вернулся с работы.

5 **Закончите предложения, используя инфинитивы глаголов совершенного и несовершенного вида.**

1. Год назад Павел начал … .

2. Мы с другом хотели … .

3. Ему обязательно нужно … .

4. Он решил постоянно … .

5. Им нравится … .

6. Анна давно мечтала … .

7. Отец попросил сына … .

8. Студенты должны … .

9. Через два дня мы поедем … .

10. Они закончили … .

6 Прочитайте.

ГЛАГОЛЫ ДВИЖЕНИЯ

→ ○	⇄ ○ 〰→
ИДТИ ЕХАТЬ	ХОДИТЬ ЕЗДИТЬ
БЕЖАТЬ ЛЕТЕТЬ ПЛЫТЬ НЕСТИ ВЕЗТИ	БЕГАТЬ ЛЕТАТЬ ПЛАВАТЬ НОСИТЬ ВОЗИТЬ

В- (ВО-) входить	→▢	ВЫ- выходить	▢→
ПРИ- приходить	→□	У- уходить	□→
ПОД- подходить	→│□	ОТ- отходить	│→
РАС-/РАЗ- расходиться, разлетаться	↙↑↗ ←□→ ↙↓↘	С- сходиться, слетаться	→□←
ДО- доходить	→│		
ПЕРЕ- переходить	╫→		
ОБ- обходить	↗○↘		
ЗА- заходить	↘□↙		

7 Вместо точек вставьте глаголы *идти – ходить* или *ехать – ездить*.

1. Вчера мой друг … в театр. Когда он … в театр, он встретил в метро старого знакомого.

2. Я люблю … на мотоцикле. Обычно я … на мотоцикле очень быстро. Вчера я … в деревню к бабушке и дедушке. Когда я … туда, шёл дождь.

3. Студенты часто бывают в бассейне. Обычно они … туда пешком, иногда … туда на автобусе. Вчера вечером они … в бассейн. Когда они… туда, они встретили в автобусе своего преподавателя.

4. Моя подруга живёт недалеко от университета и каждый день … на занятия пешком. Она … очень быстро и никогда не опаздывает. Сегодня утром, когда она … по улице, она встретила свою подругу, разговорилась с ней и опоздала на лекцию.

5. Каждый день мы … кататься на лыжах на базу. Вчера была плохая погода, и мы не … туда, остались дома. Решили, что в следующее воскресенье при любой погоде … кататься на лыжах.

6. Когда мы жили в Корее, каждый день мы … обедать в студенческую столовую. В России я обедаю дома и не … в столовую.

7. Мне нравится … на велосипеде. Каждые выходные мы … за город кататься на велосипедах. Но сегодня я плохо себя чувствую и не смогла … за город.

8. Как часто он … в театры и на концерты? Я вчера видел, как он … в театр оперы и балета вечером. Мы договорились, что в следующий раз он обязательно позвонит и мы … в театр вместе.

9. В прошлую субботу студенты … в деревню. Сначала они … на поезде, потом … на автобусе, а потом … пешком. Все очень устали и приехали в деревню голодными.

10. Завтра мы … в город покупать продукты. Когда мы … в город, нам надо составить список продуктов.

8 Вставьте глаголы движения с приставками в предложения

1. Мой друг всегда с удовольствием _____ в это кафе, чтобы выпить чашечку кофе.

2. Когда спектакль закончился, мы _____ из театра.

3. _____ ко мне завтра вечером, хорошо?!

4. Улицу нужно _____ внимательно!

5. Он положил бумаги и _____ от стола.

6. Почему никто не _____ к телефону?

7. Сессия закончилась, и студенты _____ по домам.

8. Уроки закончились, мы _____ из университета и _____ пешком домой.

9. Мы медленно _____ по дороге и разговаривали. Но вдруг начался сильный дождь, и мы _____ быстрее.

10. Преподаватель: «Кого сегодня нет на уроке? Кто не _____ на занятие?»

9. Вставьте глаголы движения *нести, везти, вести*. Выполните задание по модели.

Модель: По улице идут дети … (цветы).
По улице идут дети и несут цветы.

1. По проспекту идёт мужчина … (новогодняя ёлка).

2. По улице едут грузовики … (арбузы).

3. По железной дороге ходят поезда … (машины).

4. По парку идёт воспитательница детского сада … (дети).

5. Экскурсовод ходит … (туристы) по музею.

6. Мама идёт из магазина … (сумка с продуктами) домой.

7. Отец едет на машине … (ребёнок) со школы.

8. Вот едет машина … (молоко) в магазин.

9. Максим каждый день ходит на улицу … (собака) гулять.

10. Дети каждый день ходят … (тяжёлые портфели) в школу.

10 **Замените данные предложения антонимичными:**

1. К моей подруге приехала сестра.
2. Наша семья уехала из Петербурга.
3. Носильщик унёс мой багаж в камеру хранения.
4. Группа иностранных студентов улетела на экскурсию в Москву.
5. Мы пришли в гости к родителям.
6. Рабочие внесли мебель в комнату.
7. Студенты разошлись по домам.
8. Мы заехали в магазин за продуктами.
9. Она пришла забрать свои вещи.
10. Они приехали получить визу.

11 **Вставьте глаголы движения с приставками ПРИ- или ЗА-.**

1. По дороге в университет я … на почту, чтобы купить конверты.
2. Меня спросили: «Что вы хотите?». Я ответила: «Я … получить заказное письмо».
3. Мне сказали, что почта уже закрыта и чтобы я … завтра.
4. Учитель попросил меня по дороге домой … домашнее задание моему больному другу.
5. По дороге домой нам надо … в магазин за хлебом.
6. Мы … в вашу фирму получить путёвку.
7. Давай … в магазин и купим мороженое.
8. Когда будешь ехать домой, … в аптеку и купи аспирин.
9. Не надо … за мной, я сама дойду до дома.
10. Мы … в спорткомплекс поиграть в боулинг.

12 **Выполните задание по модели.**

Модель: – Мои друзья ещё не переехали в другой город.
– *Ещё не переехали? А когда они переедут?*

1. Мы ещё не перевезли мебель на новую квартиру.
2. Мой друг ещё не перешёл на новую работу.
3. Наташа ещё не перешла на другой факультет.
4. Нашу фирму ещё не перевели в другой район.
5. Мы ещё не перенесли диван в гостиную.
6. Я ещё не переехала в другую комнату общежития.
7. Мама ещё не перевела ребёнка в детский сад около дома.
8. Антон ещё не перешёл в новую школу.
9. Мы ещё не перенесли вещи в другой номер.
10. Они ещё не переплыли на другой берег.

13 **Выполните задания 96–128 ЧАСТИ III итогового теста.**

Занятие 5

5강

❶ Прочитайте.

Сложные предложения с союзами И, А, НО.

У меня был билет, **и** я пошёл в театр.

У меня был билет, **но** я не пошёл в театр.

У меня был билет, **а** у него не было билета.

Вчера погода была хорошая,   **и** мы гуляли весь день. (присоединение)
  но мы не гуляли. (противопоставление)
  а сегодня идёт дождь. (сопоставление)

❷ Вставьте в предложения союзы И, А, НО.

1. Мне 30 лет, _____ моему другу тоже 30.

2. Мне 30 лет, _____ моей подруге 32 года.

3. Я искал книгу в шкафу, _____ она оказалась в портфеле.

4. Огонь в лампе дрогнул, _____ через секунду снова разгорелся ровно и ярко.

5. Я искал книгу в шкафу _____ скоро нашёл её там.

6. Сегодня он приходил ко мне, _____ завтра мы опять встретимся.

7. Сегодня он не приходил ко мне, _____ завтра мы встретимся.

8. Мы встретились не в клубе, _____ в институте.

9. Все устали, _____ продолжали работу.

10. День был дождливый, _____ тёплый.

11. В школе мы учили много стихов, _____ я до сих пор их помню.

12. Приближалась осень, _____ в старом саду было тихо _____ грустно.

3 **Соедините данные простые предложения так, чтобы получились в сложные. Используйте союзы И, А, НО.**

1. Новый знакомый оказался приятным собеседником. Мы с ним разговаривали очень долго.
2. Вера сидела с открытой книгой. Она не читала.
3. Она хотела помочь мне. Я отказался.
4. Скоро приедет мой брат. Мы с ним обо всём договоримся.
5. Ваше предложение очень заманчиво. Сейчас я не могу принять его.
6. Я целый день работаю. Ты ничего не делаешь.
7. Он так ждёт твоих писем. Ты за целый месяц ни разу не написал ему.
8. Я так хотел повидаться с вами. Мне не удалось этого сделать.
9. Марина пообещала прийти вечером. Она так и не пришла из-за сильного снегопада.
10. Мы рано вышли из дома. Мы всё равно не успели приехать на работу вовремя.

4 **Закончите предложения.**

1. Она собралась говорить, и _____
   а _____
   но _____

2. Вчера он приходил ко мне, и _____
   а _____
   но _____

3. Я живу в большом городе, и _____
   а _____
   но _____

5 Прочитайте.

Я прочитал *книгу*, (какую?) **которая** только что вышла из печати (книга).
из которой я узнал много нового (из книги).
по которой сняли этот фильм (по книге).
которую ты мне подарил (книгу).
которой интересуется вся молодёжь (книгой).
о которой много говорят (о книге).

6 Вставьте в предложения слово *КОТОРЫЙ* в нужной форме.

1. К нам на спектакль пришли студенты, … приехали из Японии совсем недавно.
2. Она с удовольствием носит шляпу, … ты ей подарил.
3. Мы не могли объяснить, где находится магазин, … спрашивал прохожий.
4. Мне нужно позвонить девушке, … я привёз посылку от родителей.
5. На меня произвела большое впечатление выставка, … мы посетили вчера.
6. Чашки, … мы пьём сейчас кофе, я получила в подарок от бабушки.
7. Ты не знаешь, как зовут девушку, … стоит у окна?
8. Мне очень понравилась девушка, … ты разговаривал в библиотеке.
9. Давайте посмотрим фильм, … рассказывал Денис.
10. Я уже давно знаком с девушкой, фотографию … ты мне показал.

7 Соедините простые предложения так, чтобы получились сложные. Используйте слово *КОТОРЫЙ*.

1. Мама купила мне журнал. Я рассказывал ей о журнале.
2. Я покажу вам фотографию друга. Он живёт в Пусане.
3. Она подняла портфель. Под портфелем лежали потерянные ключи.

4. Она пригласила друзей. Она училась с ними в школе.

5. Мне очень хочется поступить в университет. Студенты университета участвовали в конкурсе.

6. Ей нравится пылесос. Она только вчера купила его в магазине.

7. Сейчас все идут на урок. После урока будет собрание всех студентов факультета.

8. Бабушка очень скучала по внуку. Все его подарки она бережно хранила в своём шкафу.

9. На праздник он подарил ей цветы. Запах этих цветов ей очень понравился.

10. Я написал вам номер телефона. Вы всегда можете позвонить мне по этому номеру.

8 Прочитайте.

ЧТО	ЧТОБЫ
Реальное, возможное действие: 1. глаголы речи – говорить, сказать, сообщить, писать, читать и т. д.; 2. глаголы умственного действия – думать, отрицать, пояснять и т. д.; 3. глаголы восприятия – видеть, слышать и т.д.; 4. глаголы чувства – ощущать, бояться, переживать, опасаться и т. д.	Требуемое или желательное действие: 1. глаголы побуждения – разрешить, требовать, просить, советовать, рекомендовать, влиять и т. д.; 2. глаголы желательности – желать, ждать, мечтать, добиваться, стремиться, предпочитать и т. д.

9 Вставьте в предложения слова ЧТО или ЧТОБЫ.

1. Я хорошо знаю, … зимой в России нельзя обойтись без шапки.

2. Мы слышали, … он приедет сюда ещё раз через год.

3. Она позвонила, … рассказать мне об экзамене.

4. Ты хочешь, … я выступил на концерте?

5. Мария думает, … она самая красивая девушка в институте.

6. Интересно, … сказали бы об этом его родители?

7. Мой отец мечтал, … я стал врачом, а я изучаю русский язык.

8. Он сказал, … мы должны написать тест завтра.

9. Он сказал, … мы написали тест завтра.

10. Антону хочется, … Марина сама делала домашнее задание.

10 Выберите правильный вариант.

1. Он плохо сдал экзамен, … мало занимался.

2. … мы много читали о Пушкине, рассказ экскурсовода был всем хорошо понятен.

3. … дети бегали под дождём, их одежда промокла насквозь.

   А) благодаря тому что

   Б) из-за того что

4. Даже не знаю, готовить … сегодня ужин.

5. … придёт Виктор, нужно будет его попросить помочь нам.

6. Я обязательно попрошу его, … он придёт.

   А) если

   Б) ли

7. Мама не знает, … дочь положила свои перчатки.

8. Напишите здесь, пожалуйста, … вы приехали.

9. Виктор рассказал мне, … можно купить хорошие книги.

10. Я люблю смотреть, … он работает.

11. Я хорошо знаю, … нужно готовить украинский борщ.

   А) где   В) куда

   Б) как   Г) откуда

12. Марина не сможет прийти сегодня, … у неё завтра экзамен, ей нужно заниматься.

13. Магазин уже закрылся, … мне пришлось сходить за хлебом в киоск.

14. Я задержался, … решил закончить работу сегодня.

   А) потому что

   Б) поэтому

11 **Выполните задания 131–136, 141–159, 163–165 ЧАСТИ VI итогового теста.**

Занятие 6

6강

1 Итоговый тест

Часть 1

Выберите правильный вариант.

1. Анна Петровна … в окно.	(А) смотрит
2. Наш папа сейчас читает интересный журнал и не … , что мы делаем.	(Б) видит
3. Мой брат носит очки, потому что он плохо … .	
4. У меня … англо-русский словарь, как у Виктора.	(А) так же
5. – Смотри, какой плащ я купил. – Очень красивый. И я хочу … .	(Б) такой же
6. Илья хорошо играет на гитаре. И я хочу научиться … .	
7. Сегодня хлеб несвежий, посмотри, какой он … .	(А) мягкий
	(Б) чёрствый
	(В) крепкий
8. У неё очень слабый, … характер.	(А) весёлый
	(Б) мягкий
	(В) лёгкий
9. – Нам нужен инженер не … 35 лет.	(А) старший
	(Б) старый
	(В) старше

10. – Скажите, пожалуйста, как называется … остановка?	(А) следующая (Б) будущая (В) другая
11. Авария случилась так … , что я не успел запомнить номер машины.	(А) вдруг (Б) скоро (В) неожиданно
12. – Где здесь ближайшая аптека? – В двух шагах отсюда, … углом.	(А) на (Б) за (В) около
13. – Какие магазины есть … от вашей работы?	(А) рядом (Б) около (В) недалеко
14. – … отпуска мы обязательно поедем в Москву.	(А) В течение (Б) Во время (В) В
15. – У вас есть билеты в Санкт-Петербург … завтра?	(А) в (Б) до (В) на
16. – Какая у вас … ? – Я окончил экономический факультет.	(А) специальность (Б) работа (В) образование
17. Этот мальчик – очень хороший … .	(А) учебник (Б) ученик (В) учёный
18. Все коллеги могут … этим телефоном?	(А) использовать (Б) звонить (В) пользоваться

19. Вас … стоимость ремонта?	(А) нравиться (Б) подходит (В) устраивает
20. Я не купил билет на концерт: мне не … .	(А) повезло (Б) удавалось (В) получилось
21. – У меня … кошелёк в автобусе.	(А) потеряли (Б) унесли (В) украли
22. – Я потерял свой зонт, думаю, что я … его в магазине.	(А) забыл (Б) остановил (В) оставлял
23. Сегодня я хочу … окно.	(А) помыть (Б) почистить (В) постирать
24. – Вы не знаете, что … с Антоном? Почему его нет на уроке?	(А) происходило (Б) случилось (В) было
25. – Уборка комнаты … в оплату.	(А) подходит (Б) входит (В) платиться

Часть 2

Выберите правильную форму.

26. У нас дома нет … .	(А) лекарство (Б) лекарства (В) лекарству (Г) лекарством
27. – Мы можем договориться с вами … квартиры два раза в неделю?	(А) на уборку (Б) за уборку (В) об уборке (Г) для уборки
28. – Вы знаете, … надо оставлять ключ от комнаты? – На каждом этаже есть дежурная.	(А) с кем (Б) для кого (В) у кого (Г) кого
29. Было очень поздно, и … пришлось взять такси.	(А) нам (Б) мы (В) у нас (Г) нас
30. – Вы ещё ищете квартиру? Вам звонят … .	(А) из агентства (Б) от агентства (В) в агентстве (Г) у агентства
31. – Я уверен, что вы согласитесь … .	(А) с моим предложением (Б) моим предложением (В) о моём предложении (Г) для моего предложения

32. На вечеринке не было … .	(А) свой друг (Б) его друг (В) его друга (Г) своего друга
33. – У нас теперь … , запишите, пожалуйста.	(А) нового телефона (Б) новым телефоном (В) новый телефон (Г) с новым телефоном
34. Я попросил … купить билеты в театр.	(А) от старого друга (Б) старого друга (В) старому другу (Г) со старым другом
35. Это рассказ о жизни … , который жил в 18 веке.	(А) английский учёный (Б) английскому учёному (В) английского учёного (Г) об английском учёном
36. Молодой врач … продолжал увлекаться физикой.	(А) свободного времени (Б) в свободном времени (В) в свободное время (Г) свободным временем

37. Мой брат поступил … . 38. Вот уже три года как Сергей учится … .	(А) на медицинский факультет (Б) к медицинскому факультету (В) на медицинском факультете (Г) в медицинский факультет
39. Я два года работал в фирме «Опель» … . 40. Мой дядя – … .	(А) старший инженер (Б) старшим инженером (В) старшему инженеру (Г) старшего инженера
41. От экскурсии в Пушкинский музей у нас остались … .	(А) прекрасные впечатления (Б) прекрасными впечатлениями (В) прекрасное впечатление (Г) прекрасным впечатлением
42. Это замечательный проект … . 43. Вчера по телевизору показывали передачу … . 44. … собирал огромную библиотеку.	(А) молодого учёного (Б) молодому учёному (В) молодой учёный (Г) о молодом учёном
45. У них нет … . 46. … очень хороший. 47. … нам рассказывал преподаватель.	(А) этого журнала (Б) об этом журнале (В) этот журнал (Г) этому журналу

48. Завтра Илья пойдёт … . 49. Сергей сегодня встречается … . 50. Эти часы – подарок … .	(А) старого друга (Б) со старым другом (В) к старому другу (Г) старый друг
51. – Можно оставить мои вещи … ?	(А) в вашу комнату (Б) в вашей комнате (В) из вашей комнаты (Г) вашу комнату
52. – Извините меня, пожалуйста, я спешу … .	(А) зубного врача (Б) к зубному врачу (В) для зубного врача (Г) у зубного врача
53. – У тебя нет … ? 54. Антон как раз сейчас пошёл … . 55. Через 15 минут она вошла … в руках	(А) из сегодняшней газеты (Б) за сегодняшней газетой (В) сегодняшней газеты (Г) с сегодняшней газетой
56. Это предложение … . 57. Он купил 3 … . 58. Я прочитал об этом … .	(А) в новой книге (Б) из новой книги (В) новые книги (Г) новую книгу

59. – Давайте встретимся … на автобусной остановке. 60. Вчера я ждал тебя на остановке целый … .	(А) час (Б) в час (В) час назад
61. В России учебный год начинается … .	(А) сентябрь (Б) в сентябре (В) сентябрём
62. – На какой срок вам нужен автомобиль? – … 1 мая … 1 июля.	(А) с … по… (Б) от … до… (В) за … до…
63. Мой рейс задерживается … .	(А) за 2 часа (Б) через 2 часа (В) на 2 часа
64. Ю. Гагарин полетел в космос 12 апреля … .	(А) 1961-го года (Б) в 1961-м году (В) 1961-й год
65. Мы отправимся в поездку … .	(А) следующая неделя (Б) к следующей неделе (В) на следующей неделе
66. Я проведу в Италии 11 … .	(А) дня (Б) день (В) дней
67. Мы с подругой не виделись уже 5 … .	(А) месяц (Б) месяцев (В) месяца

68. Я посещаю бассейн … .	(А) по выходным (Б) к выходным (В) на выходные
69. Друг подарил мне 3 … .	(А) дисков (Б) диски (В) диска
70. Летом он поедет в Киев … .	(А) у друзей (Б) к друзьям (В) о друзьях
71. Наш факультет готовит … .	(А) филологи (Б) филологов (В) филологам
72. К сожалению, в этой газете нет … .	(А) последним экономическим новостям (Б) последних экономических новостей (В) последние экономические новости
73. Мы часто спорим … .	(А) с важными политическими событиями (Б) о важных политических событиях (В) к важным политическим событиям

74. Директор фирмы убедил … начать сотрудничество.	(А) иностранные партнёры (Б) иностранным партнёрам (В) иностранных партнёров
75. Передайте привет … .	(А) все наши знакомые (Б) всех наших знакомых (В) всем нашим знакомым
76. Все туристы и гости Петербурга любуются … этого города.	(А) многочисленные мосты (Б) многочисленных мостов (В) многочисленными мостами
77. Мне сегодня позвонили … .	(А) давних знакомых (Б) давние знакомые (В) давним знакомым

Часть 3

Выберите правильный вариант.

78. Я решил, что теперь я … родителям чаще. 79. Завтра преподаватель скажет, хорошо ли я … контрольную работу.	(А) писал (Б) напишу (В) написал (Г) буду писать

80. Когда вы … у меня свою статью? 81. Не … зонт: дождя не будет.	(А) возьмёте (Б) возьмите (В) берёте (Г) берите
82. Он научился быстро … статьи из газет.	(А) перевести (Б) переводил (В) переводить (Г) перевёл
83. Ирина привыкла … продукты на рынке.	(А) покупала (Б) купить (В) покупать (Г) купила
84. Извини, я не успела … тебя заранее.	(А) предупреждал (Б) предупреждать (В) предупредил (Г) предупредить
85. Когда … домой, не забудь зайти в магазин за хлебом.	(А) будешь идти (Б) придёшь (В) идёшь (Г) приходя
86. Когда … результаты экзаменов, сразу же позвони мне.	(А) узнал бы (Б) узнаёшь (В) знаешь (Г) узнаешь
87. Аппарат, … инженером, необходим для исследования моря.	(А) сделанный (Б) сделавший

88. Последний роман … писателем в те годы, когда он жил в Москве.	(А) написанный (Б) написан
89. … на вопросы журналистов, писатель рассказывал о своей жизни. 90. … на вопросы журналистов, учёный вернулся в свою лабораторию. 91. … на вопросы преподавателя, Виктор очень волновался.	(А) ответив (Б) отвечая
92. Чтобы не … на самолёт, нам нужно выехать в аэропорт через полчаса. 93. Я не люблю … . 94. Нельзя … на урок.	(А) опаздывать (Б) опоздать
95. – Ты должен мне … всё, что случилось вчера. 96. Бабушка любит … на ночь сказки своим внукам. 97. – Я хочу … о случае, который произошёл со мной вчера.	(А) рассказать (Б) рассказывать
98. Вчера я … в театр. 99. Когда я … в университет, я встретил своего друга. 100. В прошлом году я каждый день … в спортзал.	(А) ходил (Б) шёл
101. Пока тебя не было дома к тебе кто–то … . 102. Сегодня я, как обычно, … домой в 7 часов. 103. Обычно брат … домой поздно.	(А) приходил (Б) пришёл

104. Мы любим … на машине за город. 105. – Вам сейчас надо … прямо, а потом – направо. 106. Мне нравится … на морской вокзал. 107. Я всё-таки решил … в Санкт-Петербург завтра.	(А) ехать (Б) ездить
108. – На какой спектакль вы посоветуете нам … ? 109. Я люблю … в цирк.	(А) прийти (Б) пойти (В) идти (Г) ходить
110. Прошлым летом я ездил на море и … с утра до вечера. 111. Когда Виктор … на корабле из Одессы в Стамбул, он познакомился со своей будущей женой. 112. Два года назад я плохо … .	(А) плавал (Б) плыл
113. – Ты куда спешишь? – … в институт, опаздываю. 114. Каждое утро я … на стадионе.	(А) бегаю (Б) бегу
115. – Кто обычно … ребёнка в детский сад ? 116. Этот автобус сейчас … пассажиров в аэропорт. 117. Утро. Вот бабушка … внука в школу.	(А) водит (Б) ведёт (В) возят (Г) везёт
118. – До какой остановки мне надо … , чтобы попасть в центр?	(А) переехать (Б) проехать (В) доехать (Г) приехать

119. – Вы не выходите на следующей остановке? Разрешите мне … .	(А) проходить (Б) пройти (В) войти (Г) пойти
120. Ты … завтра в библиотеку?	(А) ходишь (Б) пойдёшь (В) будешь идти (Г) будешь ходить
121. Вчера вечером тебя не было дома. Ты куда–то … ?	(А) ушёл (Б) уходил (В) находил (Г) шёл
122. Он не любил долго жить на одном месте, он часто … .	(А) уехал (Б) переехал (В) приезжал (Г) переезжал
123. Подождите немного! Я скоро … .	(А) приду (Б) прихожу (В) буду приходить (Г) войду
124. Он искал книгу, поэтому он … все книжные магазины.	(А) зашёл (Б) пришёл (В) вошёл (Г) обошёл
125. У меня к тебе дело. Ты не можешь … ко мне на минутку?	(А) приходить (Б) входить (В) зайти (Г) пойти

126. Я люблю … на лекции заранее.	(А) прийти
	(Б) приду
	(В) приходить
	(Г) прихожу

127. Обычно на лето он … семью на дачу.	(А) перевёз
	(Б) перевозил
	(В) перенёс
	(Г) переносил

128. Раньше я чаще … в кино.	(А) пришёл
	(Б) ходил
	(В) приходил
	(Г) шёл

Часть 4

Выберите правильный вариант.

129. Я спросил его, … он сейчас занимается.	(А) чем
130. Ты не знаешь, … связан его неожиданный отъезд?	(Б) с чем
	(В) над чем
131. Я не знаю, … я могу помочь ему.	(Г) чему

132. По–моему, он … прав.	(А) во всём
	(Б) всему
	(В) всего
	(Г) ко всему

133. – Можно у вас узнать, … документы нужны для открытия счёта в банке?	(А) который
	(Б) какие
	(В) о каких
	(Г) каким

134. – Я понял ваши слова, но не знаю, … вы это сказали.	(А) зачем (Б) когда (В) что (Г) с кем
135. Андрей забыл, … находится зоомагазин.	(А) куда (Б) где (В) почему (Г) как
136. Я не помню, … он ходил в театр.	(А) у кого (Б) кому (В) кого (Г) с кем
137. Николай спросил, … есть словарь.	(А) у кого (Б) кому (В) кого (Г) с кем
138. Скажи, … ты видел на дискотеке?	(А) у кого (Б) кому (В) кого (Г) с кем
139. Я знаю одну девушку, … приехала из Эквадора.	(А) которой (Б) которую (В) которая
140. Конференция, … участвовали студенты, закончилась поздно.	(А) в которой (Б) на которую (В) с которой

141. Виктор заболел, … обещал закончить работу вовремя.	(А) а (Б) и (В) но
142. Друзья сказали, … китайский язык очень сложный. 143. Наташа попросила, … мы пошли к врачу. 144. Виктор дал мне диск, … я посмотрел этот фильм.	(А) что (Б) чтобы
145. Анна не пришла сегодня, … она больна. 146. У меня не было времени, … я не пошёл в театр. 147. Антон хороший друг, … его все любят.	(А) потому что (Б) поэтому
148. …уехать на родину, Джон пригласил в гости своих друзей. 149. … учёный прочитал доклад, ему задали много вопросов. 150. … студенты прочитали текст, они ответили на вопросы.	(А) перед тем как (Б) после того как
151. Природа может погибнуть, … люди мало заботятся о ней.	(А) из-за того что (Б) благодаря тому что
152. Наташа не знает, … .	(А) приедет ли сестра (Б) если приедет сестра

153. Хотя Антон уже окончил медицинский институт, он … .	(А) уже работает врачом (Б) сможет работать врачом (В) ещё не начал работать по специальности
154. … не обидеть друга, я пойду к нему на день рождения.	(А) чтобы (Б) если (В) хотя
155. Он работал бы по специальности, если бы ему … .	(А) предлагают работу (Б) предложат работу (В) предложили работу
156. Я не знаю, … он купил этот словарь. 157. Он не сдал экзамен, … у него плохое настроение	(А) зачем (Б) за что (В) поэтому
158. По дороге домой я должен зайти в магазин, … купить что–нибудь на ужин.	(А) потому что (Б) чтобы (В) что
159. Ты говоришь по-русски лучше, … Таня.	(А) как (Б) чем (В) если
160. … мы возвращались с экскурсии, уже начало темнеть.	(А) Если (Б) Когда (В) Во время того

161. Позвоните мне, пожалуйста, … заказ будет выполнен раньше срока.	(А) почему (Б) если (В) если бы
162. Я всегда мечтал побывать в городе, … приехал мой друг.	(А) где (Б) когда (В) откуда
163. … работа была трудная, мы быстро выполнили её.	(А) Но (Б) Хотя (В) Поэтому
164. Вы не знаете, … этот человек?	(А) как (Б) кто (В) куда
165. Я уже смотрел этот фильм, … я не пойду в кино.	(А) хотя (Б) поэтому (В) но

제2부

읽기

Чтение

Занятие 1

1강

1 Прочитайте текст и выполните задания.

XX век. Женщины в университетах, в школах, в парламентах… 16 июля 1963 года: женщина в космосе…

В одной американской анкете был такой вопрос: «Кто вызывает у вас самое большое доверие: врачи, адвокаты, инженеры?» Большинство людей ответило: врачи.

В Одессе, украинском городе на Чёрном море, находится институт глазных болезней. Этот институт во времена СССР основал знаменитый хирург Владимир Петрович Филатов. Филатова знала вся страна. Он и его последователи разработали новые методы хирургии, важные для лечения глазных болезней.

В. П. Филатов умер в 1956 году.

Сейчас директор института – Надежда Александровна Пучковская. Она хирург, ученица Филатова. О её золотых руках рассказывают легенды. Это её лицо видит человек после операции, после ужаса слепоты. Видит и помнит всю жизнь. Надежда Александровна получает тысячи писем от своих больных.

После войны один человек потерял зрение. Врачи не знали, будет ли он видеть. Решили делать операцию. Он помнил, что операцию делала женщина, но не знал её фамилии. И вот немолодой уже человек в институте. Он хочет увидеть Пучковскую. Входит Надежда Александровна. Да, это её лицо он увидел много лет назад, когда услышал: «Откройте глаза».

Среда – особый день в институте: в среду оперирует Пучковская. Надежда Александровна делает самые сложные операции. Она руководитель научного центра. В этом центре 10 больших клиник, 11 научных лабораторий. У Надежды Александровны более 200 научных работ. Она крупный учёный – академик медицины.

Н. А. Пучковская разработала новые методы лечения глаз. Учёные института впервые в СССР начали использовать для лечения глаз лазер.

Выберите правильный ответ, который наиболее полно и точно отражает содержание текста.

1. Больше всего люди доверяют … .

    А) женщинам

    Б) врачам

    В) американским анкетам

2. Основатель института глазных болезней в Одессе – … .

    А) Владимир Петрович Филатов

    Б) Надежда Александровна Пучковская

    В) учёные института

3. В тексте рассказывается о больном, которому сделали операцию… .

    А) во время войны

    Б) много лет назад

    В) в 1956 году

4. В центре глазных болезней в Одессе врачи впервые в СССР применили … .

    А) современные методы хирургии

    Б) сложную аппаратуру

    В) лазер

5. Этому тексту можно было бы дать название … .

    А) «Женщины – хирурги»

    Б) «Академик Н.А. Пучковская»

    В) «Лечение глазных болезней»

2 Расставьте предложения в последовательности текста.

☐ 1. Лицо Пучковской – это первое, что видит человек после операции.
☐ 2. Институт глазных болезней находится на берегу Чёрного моря.
☐ 3. У Надежды Александровны более 200 научных работ.
☐ 4. О её золотых руках рассказывают легенды.
☐ 5. Сейчас директор института – Надежда Александровна Пучковская.

3 Составьте план текста. Перескажите текст.

Занятие 2

2강

1 Прочитайте текст и выполните задания.

СТАРЫЙ ПОВАР

В один из зимних вечеров 1786 года на окраине Вены в маленьком деревянном доме умирал слепой старик, бывший повар богатой графини. Несколько лет назад повар ослеп от жара печей, и управляющий графини поселил его в сторожке старого сада. Вместе с поваром жила его дочь Мария, девушка лет восемнадцати. Всё убранство их дома составляли кровать, несколько старых стульев, стол, посуда в шкафу и, наконец, старый рояль.

Когда Мария умыла отца, надела на него чистую рубашку, он сказал:

– Выйди на улицу и попроси первого встречного зайти к нам в дом. Мне надо исповедаться перед смертью.

Мария вышла на улицу и долго ждала. Улица была тёмная и пустынная. Наконец на улице появился прохожий. Мария подбежала к нему и дрожащим голосом попросила зайти к ним в дом, чтобы исповедать умирающего.

– Хорошо, – сказал человек спокойно. – Я не священник, но это всё равно. Идёмте.

Они вошли в дом. При свете свечи Мария увидела, что незнакомец невысокий, худой и очень молодой. Он придвинул к кровати стул, сел и наклонился к умирающему.

– Говорите, – сказан он. – Может быть, властью, данной мне Богом через искусство, я смогу облегчить ваши последние минуты и вашу душу.

– Я работал всю жизнь, пока не ослеп, – прошептал старик. – У меня не было времени грешить… Но когда заболела моя жена и доктор прописал ей разные дорогие лекарства, я украл маленькое золотое блюдо из сервиза графини и продал его. Мне тяжело вспоминать об этом. Я скрывал это от дочери и учил её не брать ничего чужого…

– А кто-нибудь из слуг графини пострадал за это? – спросил незнакомец.

– Клянусь, сударь, никто! – ответил старик и заплакал. – А золото не помогло моей Марте, она умерла.

– Как вас зовут? – спросил незнакомец.

– Иоганн Мейер, сударь.

– Так вот, Иоганн Мейер, – сказал незнакомец, положив руки на слепые глаза старика. – Вы невиновны перед Богом и перед людьми. То, что вы сделали, не есть грех, и совершили вы это ради любви. А теперь скажите мне вашу последнюю просьбу.

– Я хочу, чтобы кто-нибудь позаботился о Марии.

– Я сделаю это. А ещё чего вы хотите?

Тогда умирающий неожиданно улыбнулся:

– Чего я хочу? Я хотел бы ещё раз увидеть Марту такой, какой я встретил её в молодости. Увидеть солнце и этот старый сад, когда он цветёт весной… Простите меня за мои глупые слова.

– Хорошо, – сказал незнакомец и встал.

Он подошёл к роялю и сел перед ним на стул.

– Хорошо! – повторил он. И как будто звон хрустальных шариков рассыпался по дорожке. – Слушайте! Слушайте и смотрите.

Он заиграл. Старый клавесин пел полным голосом впервые за много лет. Звуками наполнялся не только дом, но и старый сад.

– Я вижу, сударь! – сказал старик, приподнимаясь на кровати. – Я вижу день, когда я встретился с Мартой. Это было зимой в горах. Белый снег, синее небо и Марта. Марта смеялась…

Незнакомец играл, глядя в окно, за которым была тёмная ночь.

– А теперь? – спросил он. – Вы видите, как ночь становится синей, потом голубой. В старом саду начинают цвести белые цветы… Видите?

– Я всё это вижу! – крикнул старик. – Мария, открой окно!

Незнакомец стал играть тихо и медленно.

– Я видел всё так ясно, как много лет назад, – уже с трудом проговорил старик. – И я хочу узнать ваше имя… Имя!

Незнакомец перестал играть, подошёл к кровати:

– Меня зовут Вольфганг Амадей Моцарт.

Мария низко, почти касаясь коленом пола, склонилась перед великим музыкантом. Когда она выпрямилась, старик был уже мёртв. За окном начинался рассвет и виден был сад, засыпанный цветами мокрого снега.

(По рассказу К. Паустовского)

Выберите вариант, который наиболее полно и точно отражает содержание текста.

1. Действие рассказа происходит … .

    А) в девятнадцатом веке

    Б) в начале двадцатого века

    В) в конце восемнадцатого века

2. В конце своей жизни старый повар жил … .

    А) в доме богатой графини

    Б) в собственном доме на окраине города

    В) в маленьком доме в саду

3. Старый повар в молодости … .

    А) имел большую семью

    Б) жил с женой и дочерью

    В) был совершенно одинок

4. В доме, где жили старый повар и Мария, … .

    А) было много старинной мебели и музыкальных инструментов

    Б) было очень мало мебели

    В) была самая простая мебель и стоял старый рояль

5. Старый повар ослеп ... .

    А) ещё в детстве

    Б) несколько лет назад

    В) после болезни

6. Перед смертью старый повар ... .

    А) хотел исповедаться

    Б) попросил дочь позвать священника

    В) рассказал дочери о своих грехах

7. Мария привела к отцу ... .

    А) священника

    Б) знакомого доктора

    В) случайного прохожего, первого встречного

8. Старик хотел исповедаться перед смертью, потому что ... .

    А) у него было много грехов

    Б) он был хороший христианин

    В) однажды он украл золотую вещь

9. Повар украл золотое блюдо в доме графини, чтобы ... .

    А) купить дорогое лекарство больной жене

    Б) купить жене дорогой подарок

    В) заплатить долги

10. Когда пропало золотое блюдо, ...

    А) повара прогнали с работы

    Б) были наказаны несколько слуг

    В) никто из слуг не пострадал

11. Выслушав старика, незнакомец сказал, что … .

   А) Бог накажет или простит его

   Б) воровство – большой грех

   В) старик ни в чём не виноват

12. Последним желанием умирающего было … .

   А) выйти на улицу

   Б) увидеть свою жену, солнечный свет и цветущий сад

   В) послушать музыку

13. Музыкант начал играть, и … .

   А) старик заплакал

   Б) слепому старику показалось, что он видит всё, о чём мечтал

   В) прохожие останавливались около дома, чтобы послушать музыку

14. Случайный прохожий оказался … .

   А) священником

   Б) композитором

   В) одним из слуг графини

2 **Перескажите текст. Какова, на ваш взгляд, главная мысль текста?**

Занятие 3

3강

1 Прочитайте текст и выполните задания.

На Руси в XV веке развивались культурные, экономические и политические связи с другими странами. Это отразилось в таком литературном жанре, как «хождения», т. е. описания путешествий. До этого времени литература чаще описывала красоту русской природы или события, происходившие на Руси. Конечно, нам немного известно о литературных произведениях в жанре «хождений». Самым известным из них является сохранившееся до наших дней «Хождение за три моря» Афанасия Никитина.

Афанасий Никитин родился и жил в городе Твери в XV веке. Тверские купцы ездили в разные страны продавать мёд, меха, торговать лошадьми, а привозили на Русь ткани, дорогие камни, жемчуг, посуду, краски. Такая торговля была выгодна и одной стороне, и другой.

В 1466 году Афанасий Никитин отправился в далёкое путешествие на юг, как говорили раньше, «за три моря». Путь его лежал по Каспийскому и Чёрному морю, через Индийский океан. Сначала с большим трудом он добрался до Ирана (раньше эту страну называли Персия). Из Персии Никитин отправился в Индию. Эта необычная страна не только понравилась ему, но и поразила, удивила его. Странно ему было, что здесь живут люди с тёмной кожей, что женщины ходят по улицам с непокрытой головой. Восхитила его роскошь дворцов. Тверской купец был очень наблюдателен, он подробно описал жизнь людей, их одежду, украшения, рассказал о религиозных праздниках, традициях, местных обрядах жителей Индии. Очень понравилась русскому человеку эта яркая, необычная страна. Афанасий Никитин прожил в Индии около трёх лет. Но в своих записках не забывал он и о Руси. В своём дневнике великий русский путешественник признавался в своей любви к родине: «На этом свете нет страны, подобной ей. Пусть устроится Русская земля».

Возвращение на Русь было долгим и трудным. По дороге Афанасий Никитин тяжело заболел и так и не увидел своего родного города.

«Записки» внимательного наблюдателя имеют и сейчас огромное значение, потому что являются прекрасным памятником русской литературы XV века. До «Хождения за три моря» на Руси и в Европе представления об Индии были самыми разными, а иногда просто фантастическими. После путешествия Афанасия Никитина многие русские люди стали проявлять интерес к прошлому и настоящему Индии.

Выберите вариант, который наиболее полно и точно отражает содержание текста.

1. Развитие связей Руси с другими странами отразилось … .

    А) в особом литературном жанре

    Б) в русских народных песнях

    В) в живописи и музыке

2. Сегодня нам … .

    А) много известно о литературе XV века

    Б) ничего не известно о литературных произведениях XV века

    В) немного известно о русской литературе XV века

3. Афанасий Никитин родился … .

    А) в пятнадцатом веке

    Б) в тринадцатом веке

    В) в четырнадцатом веке

4. Тверские купцы везли в другие страны на продажу … .

   А) жемчуг

   Б) мёд

   В) ткани

5. В 1466 году Никитин отправился в путешествие … .

   А) на юг

   Б) в Европу

   В) на восток

6. Во время путешествия Никитину пришлось … .

   А) переходить через горы

   Б) пересекать пустыню

   В) плыть по морям

7. Афанасий Никитин отправился в Индию … .

   А) путешествовать

   Б) торговать

   В) отдыхать

8. Странно было русскому купцу, что в Индии … .

   А) много роскошных дворцов

   Б) женщины по улице ходят без платков

   В) много религиозных праздников

9. Афанасий Никитин прожил в чужой стране … .

   А) три года

   Б) больше трёх лет

   В) около трёх лет

10. «На этом свет нет страны, подобной ей», – писал он … .

   А) об Индии

   Б) о Персии

   В) о Руси

11. Афанасий Никитин умер … .

   А) в Индии

   Б) дома

   В) по дороге домой

12. «Хождение за три моря» имеет огромное значение и в наши дни, потому что … .

   А) это был первый учебник истории XV века

   Б) рассказывает об Индии XV века

   В) является памятником русской литературы XV века

13. Содержанию текста соответствует название … .

   А) «Русские путешественники»

   Б) «Афанасий Никитин»

   В) «Традиции и обычаи Индии»

2 **Перескажите текст. Какова, на ваш взгляд, главная мысль текста?**

4강

Занятие 4

1 Прочитайте текст и выполните задания.

НА ДАЧЕ

«Я вас люблю. Вы моя жизнь, счастье – всё! Простите, но страдать и молчать больше не могу. Будьте сегодня в восемь часов вечера в старой беседке. Имя своё не подписываю, но не пугайтесь: я молода, хороша собой… чего же вам ещё?»

Такое письмо получил дачник Павел Иванович Выходцев, человек семейный, немолодой, положительный.

«Что за чёрт? – подумал он. – Женатый человек, и вдруг такое странное письмо… глупое письмо! Кто это написал?»

Павел Иванович прочитал письмо ещё раз.

«Я вас люблю… – Мальчишку нашла! Так я и побегу к тебе в беседку!.. Ну, народ эти женщины! Как можно написать такое письмо незнакомому человеку, да ещё женатому! Настоящая деморализация!»

Павел Иванович был женат уже много лет и давно не получал никаких писем, а потому это письмо его очень озадачило.

Через час после получения письма он лежал на диване и думал: «Конечно, я не мальчишка и не побегу на это дурацкое свидание… А всё-таки интересно было бы знать, кто написал это письмо. Почерк, конечно, женский. Думаю, это не шутка. Вероятно, это вдова. Вдовы вообще очень эксцентричны. Кто бы это мог быть?» Решить этот вопрос было особенно трудно потому, что во всём дачном посёлке у Павла Ивановича была только одна знакомая женщина – его жена.

«Странно… – продолжал он думать, – «Я вас люблю…» Когда же она успела полюбить? Странная женщина. Не познакомилась, не узнала и… полюбила. Но… кто же она?»

Вдруг Павел Иванович вспомнил, что вчера и три дня назад, когда он гулял, он несколько раз встречал молоденькую блондинку в светло-голубом платье с хорошеньким носиком. Блондинка несколько раз посмотрела на него, и, когда он сел на скамейку, она села рядом с ним…

«Она? – подумал Выходцев. – Не может быть! Разве может такое небесное существо полюбить такого немолодого человека, как я? Нет, это невозможно!»

За обедом Павел Иванович смотрел на жену и думал: «Она пишет, что молода и хороша собой… Значит, не старуха… Правду сказать, я тоже не так стар и плох, чтобы в меня нельзя было влюбиться… Жена же меня любит! И говорят же в народе: «Любовь зла – полюбишь и козла».

– О чём ты думаешь? – спросила Павла Ивановича жена.
– Так… ни о чём, – ответил Павел Иванович, – голова болит…

А для себя решил: «Глупо думать об этом письме».

После обеда он лежал у себя на кровати и не мог спать, думал: «А ведь она ждёт, надеется, будет нервничать, когда не увидит меня в беседке… а я не пойду».

«А может быть, пойти? – подумал он через полчаса. – Пойти и посмотреть… Шутки ради».

Он встал с кровати и начал одеваться.

– Ты куда это так наряжаешься? – спросила Павла Ивановича жена, когда он надевал новую рубашку и модный галстук.
– Так… хочу пройтись… голова болит…

Павел Иванович с трудом дождался восьми часов и вышел из дома. Когда он увидел на улице нарядных дачников и дачниц, у него забилось сердце: «Которая из них? А блондиночки не видать. Но уже восемь часов, она, наверное, уже в беседке сидит».

Павел Иванович подходил к беседке. Он тяжело дышал. Около беседки он остановился и посмотрел вокруг. «Кажется, никого…» – подумал он и вошёл в беседку. В углу он увидел человека. Но… это был мужчина. Выходцев узнал в нём брата своей жены, студента Митю, который жил у него на даче.

– А, это ты… – сказал недовольно Павел Иванович, снял шляпу и сел.
– Да… Я… – ответил Митя.

Минуты две оба молчали.

– Извините меня, Павел Иванович, – начал Митя, – я обдумываю сочинение, у меня экзамен, а вы мне мешаете.

– А ты иди куда-нибудь, – ответил Павел Иванович, – на свежем воздухе легче думать. А я хочу здесь отдохнуть.

– Экзамен важнее, – ответил Митя недружелюбно.

Прошло минуты две-три. Оба молчали и не двигались.

– Послушай, Митя, – начал опять Павел Иванович, – ты моложе меня и должен уважать... Я болен и... хочу поспать... Уйди! Прошу тебя!

– Это эгоизм... Почему вы должны остаться, а я должен уйти? Не уйду... Из принципа...

В это время у входа в беседку появилось женское лицо с хорошеньким носиком. Женщина увидела двух мужчин и ушла.

«Ушла! – подумал Павел Иванович. – Увидела этого подлеца и ушла. Всё пропало!»

Он подождал ещё немного, встал, надел шляпу и сказал:

– Скотина ты, подлец и мерзавец! Да! Скотина! Между нами всё кончено!

– Очень рад! – ответил Митя и тоже встал и надел шляпу. – Вы сейчас сделали мне такую подлость... такую подлость! Я вам до смерти не прощу!

Павел Иванович вышел из беседки и быстро пошёл к своей даче. Даже вид стола с готовым ужином не успокоил его.

За ужином Павел Иванович и Митя смотрели в свои тарелки и молчали. Жена Павла Ивановича улыбалась.

– Ты чего улыбаешься? – вдруг закричал Павел Иванович на жену. – Только одни дуры без причины улыбаются!

Жена посмотрела на сердитое лицо мужа и засмеялась:

– Что за письмо ты получил сегодня утром? – спросила она.

– Я?.. Я никакого письма не получал...

– Ну да, рассказывай! Получил! Ведь это письмо я тебе послала. Честное слово, я! Ха-ха-ха!

Павел Иванович покраснел и нагнулся к тарелке:

– Глупые шутки...

– Но что же было делать? Сам подумай... Нам нужно было сегодня полы помыть, а как ещё можно было заставить тебя уйти из дома… Но ты не сердись… Чтобы тебе не скучно было в беседке, я и Мите такое же письмо послала. Митя, ты был в беседке?

(По рассказу А.П. Чехова)

Выберите вариант, который наиболее полно и точно отражает содержание текста.

1. Павел Иванович Выходцев получил письмо … .

    А) от старого друга

    Б) от своей жены, уехавшей в гости к маме

    В) от незнакомой женщины с признанием в любви и приглашением на свидание.

2. Когда Павел Иванович получил письмо, он … .

    А) обрадовался и сразу же решил пойти на свидание

    Б) долго размышлял и наконец решился встретиться с автором письма

    В) сразу забыл о письме

3. Выходцев пришёл к выводу, что автором письма была … .

    А) какая-нибудь вдова из дачного посёлка

    Б) его жена

    В) молодая симпатичная блондинка, которую он однажды встретил на прогулке

4. Павел Иванович подумал, что … .

    А) он ещё хорош собой, поэтому его можно полюбить

    Б) в него нельзя не влюбиться

    В) влюбиться можно только в молодого человека

5. Когда Павел Иванович решил пойти на свидание, он … .

   А) оделся кое-как

   Б) долго думал, как одеться

   В) стал красиво одеваться

6. Уходя из дома, Павел Иванович сказал жене, что … .

   А) у него болит голова, поэтому он хочет прогуляться

   Б) он идёт встретиться с её братом

   В) он хочет поспать на свежем воздухе в беседке

7. По дороге на свидание Павел Иванович … .

   А) сильно волновался

   Б) был совершенно спокоен

   В) улыбался и напевал песню

8. Когда Павел Иванович вошёл в беседку, он увидел там … .

   А) незнакомого мужчину

   Б) блондинку, читающую книгу

   В) своего родственника

9. Павел Иванович и Митя … .

   А) были рады друг друга видеть

   Б) просили друг друга уйти из беседки

   В) поссорились, и Митя уехал в город

10. Во время спора Павла Ивановича и Мити в беседку … .

    А) вошла какая-то пожилая женщина

    Б) никто не заглядывал

    В) заглянула симпатичная женщина

11. Павел Иванович и Митя … .

    А) вместе пошли домой

    Б) ушли из беседки врагами

    В) не обиделись друг на друга

12. Во время ужина выяснилось, что … .

    А) Митя получил письмо от знакомой блондинки

    Б) письмо попало к Павлу Ивановичу по ошибке и было предназначено не ему

    В) письмо Павлу Ивановичу написала его жена

13. Письмо было написано … .

    А) соседу

    Б) не только Павлу Ивановичу, но и Мите

    В) только Мите

14. Это письмо было написано, чтобы … .

    А) мужчины ушли из дома на время уборки

    Б) мужчины погуляли на свежем воздухе

    В) подшутить над мужчинами

2 **Перескажите текст. Какова, на ваш взгляд, главная мысль текста?**

Занятие 5

5강

1 **Прочитайте текст и выполните задания.**

Имя этого человека широко известно – Булат Окуджава. Его мудрый и добрый талант давно завоевал любовь и признательность не только российских, но и зарубежных читателей и слушателей. Булат Окуджава – писатель, поэт, певец, исполнитель песен, которые он писал на свои стихи.

Родился Булат Окуджава в Москве 9 мая 1924 года. Это было трудное для страны время: недавно окончилась гражданская война, мирная жизнь только начиналась. Рабочие в городах, крестьяне в деревнях – все строили новую жизнь.

Семья Булата жила на Арбате, здесь он рос, учился в школе и на всю жизнь запомнил улицы своего детства. В те годы он увлекался рисованием, писал стихи. Война изменила планы, изменила судьбу многих людей. 22 июня 1941 года фашистская Германия напала на Советский Союз. Булат Окуджава, как и многие его товарищи, стал солдатом, из девятого класса школы он уходит на фронт… Его молодость проходила в трудное и опасное время, когда люди становились взрослыми за несколько дней. На фронте Окуджава был тяжело ранен в бою. Несколько месяцев лежал он в госпитале, потом опять на фронт…

Война закончилась в Берлине в 1945 году. Кончились четыре страшных тяжёлых года. Нужно было начинать жизнь сначала, строить заводы, фабрики, восстанавливать города и деревни.

После войны Булат Окуджава окончил университет и стал профессиональным филологом. Он работал учителем в школе, потом редактором.

Свою первую песню Окуджава написал, когда был ещё студентом, в 1946 году. О чём писал Окуджава? Тема его стихов – вся жизнь человека: горе и радость, любовь и дружба, жизнь и смерть. Главная тема поэзии Окуджавы – любовь к человеку, к жизни. Песни этого автора известны во многих странах, потому что тема любви к жизни, к людям актуальна и сейчас. Есть в его творчестве и военная тема – это долг перед теми, кто воевал долгих четыре года, кто погиб и не увидел день победы.

Окуджава написал песни для многих кинофильмов и спектаклей. Он был не только поэтом и певцом, но и писателем – автором интересных исторических романов. И всё-таки широкую известность принесли ему прежде всего песни в его собственном исполнении. Многие люди знают его песни наизусть.

Выберите вариант, который наиболее полно и точно отражает содержание текста.

1. Булата Окуджаву знают … .

    А) только в России

    Б) только зарубежные читатели

    В) и в России, и за рубежом

2. Окуджава родился … .

    А) до гражданской войны

    Б) во время гражданской войны

    В) после гражданской войны

3. Война, на которой пришлось воевать Булату Окуджаве, началась … .

    А) в 1924 году

    Б) в 1941 году

    В) в 1945 году

4. Когда началась война, Окуджава … .

   А) был студентом

   Б) учился в школе

   В) работал учителем

5. Первую песню поэт написал … .

   А) на войне

   Б) после войны

   В) во время войны

6. Окуджава очень популярен, потому что … .

   А) он писал о войне

   Б) он пишет исторические романы

   В) он пишет о жизни, о человеке

7. Песни Окуджавы … .

   А) исполняют другие певцы

   Б) звучат в его исполнении

   В) поют только герои кинофильмов

8. Содержанию текста соответствует название … .

   А) «Семья Булата Окуджавы»

   Б) «Поэт, певец, писатель»

   В) «Песни Окуджавы»

2 Перескажите текст. Какова, на ваш взгляд, главная мысль текста?

Занятие 6

6강

1 **Прочитайте текст и выполните задания.**

Когда было объявлено о состязании художников, никто в городе не сомневался, что победит известный всему миру старый художник. Он жил здесь, и жители города очень гордились этим.

Условие конкурса заключалось в том, что каждый художник должен был написать картину, изображающую красоту женщины. Через год картины должны были быть выставлены на главной площади города. Лучшая картина будет выбрана всенародным судом, а победитель получит в награду лавровый венок.

В городе ещё говорили о конкурсе, а старый художник уже собрался в дорогу, он решил найти для своей картины совершенную красоту. На окраине города жил его любимый, очень талантливый ученик, который мог быть достойным соперником. Увидев учителя, молодой художник радостно приветствовал его:

– Здравствуй, учитель! Куда ты собрался так рано?

– А разве ты не слышал о состязании?

– Слышал.

Учитель, поколебавшись, спросил осторожно:

– И ты думаешь участвовать в нём?

– Да, учитель. Я знаю, что борьба будет трудной. Ведь бороться придётся с тобой, учитель.

– Да, борьба будет трудной… Тебя победить нелегко… И когда же ты собираешься в путь?

– Куда?

– Как куда? Где же ты собираешься искать совершенную красоту? Юноша улыбнулся:

– А я уже нашёл её!

Старый учитель был поражён, у него даже голос дрожал от вол-

제2부 읽기

нения, когда он спросил:

– Где же ты нашёл её?

– А вот она! – юноша указал на Зорьку, свою возлюбленную.

– Она?!

Старый художник перестал волноваться, но как учитель считал нужным предупредить своего ученика:

– Сын мой! Твоя невеста очень мила, я не спорю, но подумай, разве это та красота, которая должна удивить, покорить мир?

– Да, та самая! Не может быть красоты выше красоты моей Зорьки!

Старый художник с удивлением смотрел на девушку и не замечал в ней ничего особенного. Глаза большие, милые, но лицо немного широко. Обыкновенная девушка.

«Как слепы влюблённые!» – подумал он.

Когда старый художник выходил из города, он был уверен в себе и спокоен: самый опасный соперник, ослеплённый любовью, сам ушёл с дороги.

Старый художник переходил из города в город, из деревни в деревню, переплывал с острова на остров. Он искал на виноградниках и в рыбацких посёлках, заходил в храмы и на базары, во дворцы и в дома бедняков. Но нигде не находил то, что искал.

Шёл месяц за месяцем, а старый художник всё бродил по свету в поисках совершенной красоты. Однажды к вечеру он остановился на берегу моря усталый и огорчённый. Ему уже казалось, что он нигде не найдёт то, что ему нужно. Так он заснул.

Когда он проснулся, над морем поднималось солнце, его лучи уже коснулись гор. И, взглянув в сторону гор, старый художник вскочил на ноги, как юноша. С горы спускалась стройная девушка, освещённая восходящим солнцем. И сразу без колебаний, без сомнений, с радостью воскликнул старый художник:

– Это – она!

Наступил день состязания. На площади собрался весь народ. Картины были закрыты полотном. Около одной стоял старый художник, около другой – его молодой ученик. Люди с любовью смотрели на спокойное, уверенное лицо старого художника и посмеивались, глядя на побледневшего от волнения ученика.

Открыли картину старого художника. На площади стало тихо.

Люди увидели прекрасную девушку, освещённую солнцем. Откуда-то с высоты она смотрела на толпу большими глазами, ясными, как утреннее небо, и была божественно спокойна и прекрасна. За нею виднелись синие горы. Никто никогда ещё не видел такой красоты. Толпа была покорена. Люди смотрели на картину, не в силах оторвать от неё глаз. Но когда они, с трудом оторвав глаза от картины, смотрели на окружающее, всё казалось им серым и скучным. Женщины старались закрыть свои лица, а мужчины, глядя на них, не понимали, как они могли любить эти невыразительные лица, что им нравилось в этих обычных глазах. Старый пастух сердито смотрел на свою старую толстую жену и думал, как он мог прожить с нею всю жизнь.

Никто не произнёс ни слова, только смотрели и молчали.

Но вот открыли картину молодого художника. Толпа возмущённо зашумела. С картины смотрела Зорька! Люди не верили своим глазам. Да, Зорька! Та самая, что сама обрабатывает свой виноградник, по вечерам доит в своём дворике коз, сама носит овощи с рынка. И вот она на картине! Сидит на грубой деревянной скамье около своего дома, над нею виноградные листья, среди них гроздья винограда. И всё. И всё это рядом с божественно прекрасной девушкой с картины старого художника. Возмущённые возгласы, смех и свист. Толпа была готова бросать камни.

Но постепенно шум затихал. Люди смотрели на картину, а с картины на них смотрела Зорька с чуть заметной улыбкой на губах и в глазах. Та самая Зорька, которую они знали, и вместе с тем какая-то другая. И вот один юноша удивлённо сказал другому:

– А знаешь, я до сих пор не замечал, что Зорька так прелестна. Ты не находишь?

– Странно, но это так. Глаз не могу оторвать, – задумчиво проговорил другой.

Теперь люди видели на картине девушку, прекрасную от счастья, как будто кто-то, давно втайне любимый, неожиданно сказал ей:

– Зорька, люблю!

И каждому вспоминались лучшие минуты любви, когда расцветает красота, скрытая в каждой женщине.

Как будто солнце взошло над площадью. Прояснилось и сердитое лицо старого пастуха. Он, вспомнив что-то, взглянул на свою

старуху, и свет, идущий от Зорьки, осветил старое лицо, пастух увидел милые, давно забытые глаза. В его глазах блеснуло что-то, похожее на слезу, и он первый крикнул на всю площадь:
– Лавровый венок молодому художнику!

(По В. Вересаеву)

Выберите вариант, который наиболее полно и точно отражает содержание текста.

1. По условиям конкурса надо было … .

   А) нарисовать красивую женщину

   Б) изобразить в картине красоту женщины

   В) написать портрет красивой женщины

2. В городе жил старый художник, … .

   А) известный во всём мире

   Б) которого никто не знал

   В) который не собирался участвовать в конкурсе

3. Люди в городе говорили, что победит … .

   А) молодой художник

   Б) искусство

   В) старый художник

4. Старый художник … .

   А) не хотел участвовать в конкурсе

   Б) думал, что он победит

   В) боялся своего талантливого ученика

5. Узнав, что молодой художник будет писать портрет Зорьки, старый художник … .

    А) похвалил его выбор

    Б) посоветовал ему найти пейзаж для фона портрета

    В) уже не сомневался в своей победе

6. Старый художник

    А) нашёл свою модель так же быстро, как молодой

    Б) искал свою модель почти год

    В) нашёл идеальную красоту в родном городе

7. Через год на главной площади города … .

    А) собрались все художники

    Б) собрались все жители города

    В) около своих картин стояли только художники

8. Когда открыли картину старого художника, люди на площади

    А) замолчали, поражённые, но картина им не понравилась

    Б) увидели, как некрасивы они и все вокруг по сравнению с красотой на картине

    В) зашумели и закричали

9. Победил молодой художник, потому что … .

    А) люди хорошо его знали и любили

    Б) он нарисовал обыкновенную, простую, знакомую всем девушку

    В) он показал людям, что красота – вокруг них, в самом обыкновенном, надо толь-ко уметь видеть её

2 Перескажите текст. Какова, на ваш взгляд, главная мысль текста?

Занятие 7

7강

1 **Прочитайте текст и выполните задания.**

Дом был маленький. Он стоял в старом заброшенном саду. Ночью мы иногда просыпались от стука яблок, падавших с веток на крышу. В доме мы только ночевали. Все дни, с утра до темноты, мы проводили на берегу озера, где мы купались, ловили рыбу, варили на костре уху. Возвращались мы вечером, усталые, обгоревшие на солнце, со связкой серебристой рыбы. И каждый раз нас встречали рассказами о том, что и у кого украл рыжий кот, которого в деревне звали Ворюгой.

Это был кот – бродяга и бандит. Он воровал всё: рыбу, мясо, сметану и хлеб. При этом он так ловко прятался, что никто его толком не видел. Нам очень хотелось поймать Ворюгу и выдрать как следует.

Однажды утром, когда мы ещё завтракали, деревенские мальчики прибежали к нам и сказали, что кот бежал на рассвете по деревне с большой связкой рыбы в зубах. Эту рыбу мы принесли с озера вчера вечером. Это было уже не воровство, а грабёж средь бела дня. Мы были возмущены и поклялись поймать и наказать бандита. Мальчики вызвались нам помогать.

Кот попался этим же вечером. Он украл с нашего стола, что стоял около домика, кусок колбасы и, несмотря на наши крики, полез с ним на дерево. Мы стали трясти дерево изо всех сил. Кот сердито завыл. Но вот сначала упала колбаса, а потом сорвался и кот. Упав на землю, он подпрыгнул, как футбольный мяч, и умчался под дом. Мы закрыли лаз рыболовной сетью и стали ждать. Кот не выходил. При этом он беспрерывно выл, как подземный дух, и это действовало нам на нервы. Тогда мы позвали Лёньку, самого ловкого и сообразительного среди деревенских мальчишек.

Лёнька взял тонкую бечёвку, прикрепил к ней рыбку и бросил её под дом. Вой тут же прекратился – кот схватил рыбку. Лёнька тянул бечёвку, кот сопротивлялся, но рыбу не выпускал. В конце концов показалась его голова с рыбой в зубах. Лёнька схватил его и поднял над землёй. Мы впервые рассмотрели Ворюгу. Это был тощий рыжий кот с разорванным ухом и коротким, видимо, оторванным хвостом.

– Что с ним делать? – спросил Лёнька.

Кот ждал, закрыв глаза и прижав уши.

– Выдрать! – сказал я.

– Не поможет. У него характер такой. Попробуйте его накормить как следует, – предложил Лёнька.

Мы так и сделали. Посадили кота в чулан и дали ему замечательный ужин: мясо, рыбу, сырники со сметаной. Кот ел больше часа, и когда мы открыли дверь, он никуда не пытался бежать, вышел из чулана медленно и пошатываясь, сел около дома и стал умываться, поглядывая на нас зелёными нахальными глазами.

Он остался у нас жить и перестал воровать. Он стал ходить по дому и по саду, как хозяин и сторож. Однажды на наш стол в саду залезли куры и стали клевать из тарелок гречневую кашу. Кот с возмущённым воем бросился на них. Куры подняли страшный шум и крик, убегая от кота. Быстрее всех бежал петух, но его догнал кот. Он мчался с ним рядом и бил лапой по спине.

С тех пор куры боялись воровать и разбегались, только увидев кота. И мы переименовали его из Ворюги в Милиционера.

(По К. Паустовскому)

Выберите вариант, который наиболее полно и точно отражает содержание текста.

1. Летом в деревне жили дачники, … .

   А) они целые дни проводили в саду

   Б) они проводили весь день у озера, где купались и ловили рыбу

   В) один из них обычно оставался днём дома

2. В деревне жил кот, который воровал … .

　　А) у дачников только колбасу

　　Б) всё, что было в доме

　　В) у дачников даже яблоки

3. Жители деревни говорили, что этот кот … .

　　А) часто спокойно сидел около дома

　　Б) очень хорошо прятался, и его почти никто не видел

　　В) часто прибегал к реке за рыбой

4. Однажды кот украл всю рыбу, которую дачники ловили целый день, и … .

　　А) съел её тут же около дома

　　Б) бросил её около дома

　　В) побежал по деревне со связкой рыбы в зубах

5. В тот же вечер кот украл со стола в саду колбасу и … .

　　А) убежал в деревню

　　Б) съел её тут же под столом

　　В) полез с колбасой на дерево

6. Дачники долго трясли дерево, … .

　　А) а кот сидел на дереве и ел колбасу

　　Б) и кот спрыгнул и убежал в деревню

　　В) и кот упал с дерева, спрятался под дом и сердито завыл

7. Дачники … .

　　А) поймали кота рыболовной сетью

　　Б) позвали на помощь ловкого деревенского мальчика Лёньку

　　В) терпеливо ждали, когда кот выйдет из-под дома

8. Когда Лёнька поймал кота, все увидели, что кот был … .

   А) большой, толстый, чистый, красивый

   Б) толстый, рыжий, грязный

   В) рыжий, тощий, ободранный

9. Дачники … .

   А) выдрали кота и выгнали его на улицу

   Б) дали коту колбасы и отпустили

   В) накормили кота, и он остался у них жить

10. После этого кот … .

    А) стал домашним, но иногда воровал

    Б) остался бездомным и продолжал воровать

    В) стал сторожем, и дачники дали ему другое имя

2 **Перескажите текст. Какова, на ваш взгляд, главная мысль текста?**

제3부

쓰기

Письмо

Занятие 1

1강

1 **Заполните анкету.**

1. Фамилия, имя, отчество _____

2. Пол _____ 3. Год, число и месяц рождения _____

4. Страна _____ 5. Место рождения _____

6. Национальность _____

7. Образование _____

8. Какими языками вы владеете? _____

9. Какие имеете научные труды и изобретения? _____

10. Выполняемая работа с начала трудовой деятельности (включая учёбу в высших и средних специальных учебных заведениях) _____

11. Семейное положение _____

12. Откуда прибыл(а) _____

13. Домашний адрес _____

2 **Напишите рассказ о каком-либо человеке, используя сведения из анкеты. Постарайтесь сделать рассказ точным и полным. Используйте, если необходимо, следующие глаголы и словосочетания:**

окончить	родиться
получить образование	участвовать в создании
свободно владеть	читать и писать со словарём
иметь статьи	издать книгу
работать (кем?)	

3 **Прочитайте текст. Напишите, согласны ли вы с автором и почему. Используйте данные конструкции.**

- АВТОР СЧИТАЕТ (ДУМАЕТ, ПИШЕТ, УТВЕРЖДАЕТ), ЧТО…
- ПО МЫСЛИ (ПО МНЕНИЮ) АВТОРА …
- С ТОЧКИ ЗРЕНИЯ АВТОРА…
  Я (НЕ) СОГЛАСЕН С АВТОРОМ В ТОМ, ЧТО…
  ПО-МОЕМУ, АВТОР (НЕ) ПРАВ, СЧИТАЯ, ЧТО…
- ПО-МОЕМУ…
- ПО МОЕМУ МНЕНИЮ…
- МНЕ КАЖЕТСЯ…
- Я СЧИТАЮ (ДУМАЮ), ЧТО…

Вас интересует проблема экологии. Прочитайте текст и изложите письменно точку зрения автора по данным вопросам.

1. Что такое экология?
2. С какими экологическими проблемами сталкивается человечество?
3. Как люди воздействуют на природу?
4. Какие меры принимаются для защиты окружающей среды?

Экология – это наука, которая занимается сохранением Земли, её растений и животных. Она также изучает окружающую среду и отношение между деятельностью человека и природой. В настоящее время нам приходится сталкиваться с такими экологическими проблемами, как кислотные дожди, глобальное потепление, потеря редких видов животных и растений, разрушение озонового слоя, замусоривание и т.д. Многие учёные считают, что эти проблемы связаны с промышленным ростом и развитием цивилизации в мире. Построив многочисленные заводы, люди стали интенсивно вмешиваться в природу. Ежегодно мировая промышленность загрязняет атмосферу тоннами пыли и других вредных веществ. В результате многие виды животных и растений навсегда исчезают. Многие крупные города страдают от смога заводов. Их деятельность загрязняет воздух, воду, леса и землю. Человечество потребляет все больше товаров и производит все больше мусора, засоряющего планету. Помимо заводов, на улицах городов множество транспортных средств, выпускающих токсичные газы в атмосферу и производящих много шума.

Другая проблема, которую стоит упомянуть – это вырубка деревьев. Деревья являются источником кислорода и чистого воздуха. Так что, делая это, люди просто нарушают биологический баланс.

Защита окружающей среды – всеобщая забота. Вот почему необходимо принять серьезные меры для разработки системы экологической безопасности.

В этом направлении уже достигнут определенный прогресс. 159 стран — членов ООН организовали агентства по защите окружающей среды. Этими агентствами были проведены многочисленные конференции, на которых обсуждались проблемы, стоящие перед экологически неблагополучными регионами.

На озере Байкал был открыт международный центр исследований окружающей среды. Международная организация «Гринпис» делает многое для того, чтобы сохранить окружающую среду.

Но это всего лишь первые шаги, и надо двигаться вперед, защищая природу, сохраняя жизнь на планете, не только ради настоящего, но и для будущих поколений.

Занятие 2

2강

1 **Прочитайте текст и изложите письменно точку зрения автора по данным вопросам. Используйте модели урока 1.**

Автор считает, что:

1. Представления финнов о своём национальном характере не совпадают с впечатлениями иностранцев.
2. Некоторые качества финского национального характера вызывают восхищение.
3. Каждая уважающая себя финка немного феминистка.

Финны утверждают, что от природы они сдержанны, замкнуты, не слишком общительны. Интересно, что иностранцы так не считают, определяя хозяев страны как людей доброжелательных, обстоятельных, серьёзных, но обладающих чувством юмора. Полностью разделяю это мнение!

Ещё одно замечательное качество финского национального характера, вызывающее уважение и восхищение, – это исключительная честность. Судите сами.

Я очень рассеянный человек. Я периодически оставляю неизвестно где свои вещи и документы. Так вот, в Финляндии их постоянно возвращают. И паспорт, и студенческий билет, и зонт… После того как мне вернули потерянный паспорт, я умудрилась потерять его и второй, и даже третий раз. И всё же мне его вернули.

И особенно меня удивила привычка жителей Хельсинки по пути на работу спокойно оставлять велосипед около станции метро, чтобы в конце рабочего дня его забрать. Можно и через несколько дней. «Слишком честные», – сказала о финнах знакомая француженка.

제3부 쓰기

Удивительны финские женщины. Каждая уважающая себя финка хоть немножко феминистка. Коренные жительницы Финляндии предпочитают джинсы и обувь спортивного типа: во-первых, «так удобнее и теплее», а во-вторых, «финские женщины одеваются не для того, чтобы привлекать внимание мужчин». Финская женщина редко определяет себя именно как женщину. Чаще она называет себя «работник» или «человек». Роль домашней хозяйки здесь абсолютно непрестижна, финки мечтают о карьере. Только 10% женщин заняты на службе неполное рабочее время, да и то против своей воли.

В 1987 году в стране был введён в действие Акт о равноправии женщин и мужчин, согласно которому запрещена половая дискриминация. Сегодня около трети членов финского парламента – женщины. В нынешнем правительстве Финляндии из 18 министров семь – женщины. Может быть, именно поэтому в этой стране такие благоприятные условия для женской карьеры.

Впрочем, в частном секторе руководящие посты заняты главным образом мужчинами. Наиболее явно неравенство выражается в размере заработной платы. Женщины получают в среднем 75–78% зарплаты мужчин.

О. Огородникова

2 **Напишите, каким вы представляете себе русский национальный характер. Используйте, если необходимо, следующие слова и словосочетания:**

национальные особенности	деловитый
легкомысленный	темпераментный
загадочный	сдержанный
серьёзный	ленивый
откровенный	выражать своё мнение открыто

ПИСЬМО

В **неофициальном письме** *(дружеском)* знакомому человеку обычно есть такие части:

- приветствие и обращение (*Привет, дорогая мамочка! // Здравствуй, Серёжа! // Здравствуйте, мои дорогие!*)
- общие вопросы: вопросы о жизни, делах, о здоровье (*Как ваши (твои) дела? Как жизнь? Как живёшь? Как вы поживаете? Как себя чувствуешь? Как ваше (твоё) здоровье? Что у вас (у тебя) нового? Как ты там живёшь в большом городе без нас?*)
- основное содержание письма
- прощание: итоговые фразы (*Кажется, всё; Ну, вот и всё; На этом всё. До свидания! Очень жду ответа! До скорой встречи! Привет семье; Привет всем; Мой брат передаёт тебе привет*).
- подпись (*Целую, твоя Маша // Олег // Минхо*) и дата.

Дата может стоять как в начале, так и в конце письма, после подписи. Если письмо отправляют по электронной почте, то в неофициальном письме дату обычно не ставят.

Пример неофициального письма.

Здравствуйте, дорогие родители!

Как ваши дела? Как здоровье? Мама, в прошлый раз ты говорила, что сильно простудилась. Очень надеюсь, что тебе уже лучше!

Я устроилась на новом месте очень хорошо. Меня поселили в общежитии с очень приятной корейской студенткой. Её зовут Минхи. Мы с ней уже успели подружиться. Занятия в университете каждый день по 4 часа. Пока мне не очень сложно учиться. Питаюсь в основном в университетской столовой. Кормят вкусно и недорого. Но иногда мы с друзьями ходим в кафе или ресторан поесть что-нибудь вкусненькое. Корейская еда мне очень нравится. Правда, есть много острых блюд, но даже они уже начинают мне нравиться.

Погода в Сеуле отличная. Несмотря на зиму, очень много солнечных дней и почти не бывает холодов. Так что, я много гуляю по городу. Буду присылать вам фото.

Вчера мой однокурсник Миша Иванов уехал домой, в Москву. Я передала с ним несколько корейских сувениров и традиционных сладостей для вас. Он позвонит вам в начале недели.

Передавайте привет бабушке с дедушкой!
Целую, ваша Анюта

Письмо незнакомому человеку *(официальное письмо)* мы пишем так:

- приветствие и обращение *(Здравствуйте! // Здравствуйте, господин директор! // Здравствуйте, уважаемая Марина Александровна!)*
- объяснение цели письма *(Мне хотелось бы узнать… // Я хотел бы… // прошу Вас ответить.)*
- основное содержание письма
- прощание *(До свидания! Буду ждать вашего ответа. Всего доброго; Всего хорошего; Успехов).*
- подпись *(С уважением, Джон Смит // Хон Гильдон)* и дата.

Пример официального письма.

Уважаемая Ирина Владимировна!

Меня зовут Ким Минхо. Я корейский студент, планирующий стажировку в вашем образовательном центре. На прошлой неделе я высылал вам анкету с заявкой на обучение с 1 июля по 31 августа. Благодарю вас за быстрое подтверждение заявки.

В связи с личными обстоятельствами я смогу поехать в Москву только в середине июля. Сообщите, пожалуйста, есть ли у вас полуторамесячная программа. Мне было бы удобно начать обучение 16 июля. Если такой программы нет, я бы хотел присоединиться к группе, начинающей обучение в начале июля.

Также у меня возникло несколько вопросов о проживании в общежитии. Ваш сотрудник писал мне, что центр предоставляет место в общежитии. Но я не получил никакой информации об адресе общежития и условиях проживания. Прошу вас прислать более подробную информацию. Меня интересует, где находится общежитие, сколько человек будет проживать в одной комнате, есть ли там стиральная машина, холодильник и кухня.

Меня беспокоит еще одна проблема. Дело в том, что мой самолет прилетает поздно вечером. Смогу ли я заселиться в общежитие в день прилета? Если такой возможности нет, мне придется на одну ночь поселиться в гостинице.

Кроме того, прошу уточнить, возможна ли организация встречи в аэропорту. Я слышал от студентов, что такая услуга есть, но не смог найти у вас на сайте никакой информации.

Буду ждать вашего ответа.

С уважением,

Ким Минхо

3 **Вы хотите переписываться с зарубежным сверстником. Напишите письмо новому другу. Расскажите о себе, о своих увлечениях и интересах, о своём характере:**

Подумайте, как вы начнёте письмо, если вы уже познакомились с этим молодым человеком.
А если это письмо первое и вы только хотите познакомиться?

- как вас зовут;
- где вы живёте;
- ваш возраст;
- национальность;
- особенности вашего характера;
- чем вы занимаетесь сейчас (учитесь или работаете);
- чем вы интересуетесь, увлекаетесь;
- какое образование вы получили;
- какие у вас планы на будущее.

Занятие 3

3강

1 Вы собираетесь на день рождения к русской подруге и планируете купить ей цветы. Раньше вы слышали, что в России обычно не дарят жёлтые цветы. Вы прочитали интересную статью на тему значения цветов в разных странах. Не забудьте рассказать своим иностранным друзьям о следующем:

1. Как отличается значение белого цвета в европейской и азиатской культуре?
2. Какого цвета свадебные платья в Индии? Почему?
3. С чем ассоциируется жёлтый цвет?
4. Как действует зелёный цвет на нервную систему?
5. Что олицетворяет чёрный цвет на Востоке?
6. О чём следует помнить, общаясь с представителями разных культур?

Путешествуя по миру и изучая иностранные языки, многие замечают, что в разных странах цвета имеют разное значение.

Например, в европейской культуре белый цвет – это цвет чистоты и невинности. Однако в ряде стран так не считают, в Японии, Индии и Китае белый – это цвет траура. Для индийцев европейские белые свадебные платья выглядят двусмысленно, ведь в Индии белым цветом обозначают болезнь и траур.

В этой стране наряд невесты обычно красного цвета. Ведь красный в Индии, Китае и многих других странах – это цвет любви и жизни, цвет счастья. А вот в США ярко-красным цветом обозначается угроза. Это цвет опасности. Японцы тоже обозначают красным цветом гнев и ярость. Именно поэтому персонажи японских мультиков сильно краснеют, когда на что-то злятся.

Первое, что ассоциируется с жёлтым цветом – это солнце. Что

касается Запада – для этого народа жёлтый как позитивный, солнечный цвет радости и счастья, так и негативный – он может символизировать зависть, предательство и бесчестность. Так в России жёлтые цветы являются символом разлуки или измены. В Китае жёлтый – цвет богатства и счастья, а в Японии – символ грации и изящества. У индийцев жёлтый – цвет удачи.

Зелёный принято считать цветом здоровья, выносливости. Этот цвет расслабляет нервную систему, успокаивает глаза, понижает давление и подавляет аппетит. Он также широко используется в дипломатии для выражения баланса, безопасности и умеренной щедрости. В западных культурах он символизирует молодость, рост и свежесть.

Чёрный цвет в Европе традиционно олицетворяет зло, разрушение и смерть. На Востоке на этот счет иная точка зрения. Чёрный там – это цвет любви, интимности, счастливого брака и семейного счастья. Арабы говорят: «Значительную часть жизни человек проводит в темноте ночи, под ее чёрными покрывалами».

Как вы успели заметить, значения цветов сильно различаются в европейских и азиатских культурах. Об этом следует помнить, когда общаетесь с представителями другой культуры.

2 **Вы ищете интересную работу в России. Напишите об этом родителям. Объясните, почему вы хотите получить эту работу. Ваш рассказ должен быть логичным, связным и содержать не менее 20 фраз. Не забудьте рассказать:**

- кем вы хотите работать;
- что вы будете делать;
- какой режим рабочего дня в той компании, где вы хотите работать;
- трудной ли будет эта работа;
- почему вам нравится эта работа;
- каковы плюсы и минусы вашей будущей работы;
- чего вы хотите достичь через несколько лет.

Занятие 4

4강

1 Вы стали директором фирмы. У вас небольшой коллектив – всего 10 человек – но все они работают по-разному. Кого-то нужно хвалить, а кого-то ругать. Прочитайте текст и расскажите, что думают о похвале и критике учёные. Не забудьте рассказать о следующем:

1) похвала нужна каждому человеку;

2) люди с трудом воспринимают критику;

3) нам нравится, когда нас не только критикуют, но и хвалят;

4) какой руководитель вызывает самое большое уважение.

Похвала и критика

Все мы нуждаемся в похвале. А вот как мы принимаем критику? Как мы относимся к тем, кто обращает больше внимания на наши ошибки?

Психологи попытались ответить на этот вопрос, поставив следующий опыт. В ходе эксперимента «подставные» участники опыта хвалили или критиковали испытуемых. Одна часть подставных лиц высказывала только похвалу; другая – только критику; третья – сначала только критику, а потом только похвалу; четвертая – наоборот, сначала высказывала одобрение, а потом критиковала.

Затем испытуемых попросили выразить своё отношение к участникам эксперимента, оценивавшим их деятельность.

Результаты изумили экспериментаторов. Оказалось, что те, кто высказывал только критику, нравились испытуемым очень мало, но те, кто сначала хвалил, а потом критиковал, нравились ещё меньше. Люди, все время выражавшие только одобрение, очень нравились испытуемым, но самого большого уважения удостоились те, кто сначала критиковал, а потом хвалил их.

Как объяснить эти результаты? Возможно, что отрицательные отзывы вызывают у человека напряжение, а следующие за ними похвалы доставляют облегчение и потому особенно высоко оцениваются. А может быть, мы просто склонны придавать большее значение суждениям человека, умеющего критиковать, но, главное, способного также оценить по достоинству наши заслуги.

Таким образом, если сначала критиковать человека, а потом рассказать ему о его хороших качествах, можно завоевать симпатию собеседника. А вот если поступать наоборот – сначала хвалить, а потом критиковать другого человека – можно прослыть человеком, который не знает, чего он хочет и что говорит.

② Вы начали учиться в университете. Напишите другу о вашей учёбе. Объясните, почему вы выбрали этот университет. Расскажите в письме все, что вы уже узнали о нём. Ваш рассказ должен быть логичным, связным и содержать не менее 20 фраз. Не забудьте написать:

- где находится университет;
- на каком факультете вы учитесь, какую профессию вы хотите получить;
- каков режим учебы (когда учеба начинается, есть ли перерыв на обед и т. д.);
- трудно ли вам учиться;
- много ли студентов в вашей группе, какие они люди;
- где вы живёте – дома или в общежитии;
- нравится ли вам ваша новая жизнь и почему;
- как вы отдыхаете после занятий.

Занятие 5

5강

1 Вам нужно подготовить статью о дружбе для студенческого сайта. Вы нашли и прочитали несколько интересных статей и пишете свой текст. Не забудьте рассказать о следующем:

1) что такое дружба;

2) какие люди чаще всего начинают дружить;

3) как дружба влияет на здоровье и продолжительность жизни человека;

4) что помогает нам найти новых друзей;

5) чем отличается дружба от других видов человеческих отношений.

Дружба влияет на продолжительность жизни

По мнению учёных, дружба – это социальный феномен, точное определение которому пока не найдено. Крепкие дружеские отношения – это привязанность, взаимное уважение, вера друг в друга, общность интересов и взглядов, желание поддержать друг друга в тяжёлую минуту. Чаще всего дружат люди, которые похожи друг на друга, а сходство характеров облегчает им взаимное понимание.

Более того, британские учёные считают, что от количества друзей зависит не только качество, но и здоровье, а также продолжительность жизни человека. Давно было доказано, что одинокие люди живут меньше, чем те, кто поддерживает социальные контакты, – постоянное и тесное общение с друзьями помогает пожилым людям справляться со своими проблемами и отвлекает от мрачных мыслей.

В ходе исследований анализировали несколько тысяч контактов пожилых людей. Учёные поняли, что здоровье тех людей старше 60 лет, кто часто общался с друзьями хотя бы по телефону, гораздо лучше, чем здоровье тех, кто общался только с детьми и родственниками. Не секрет, что друзья близкого возраста имеют больше общих интересов и сходных взглядов на жизнь, они помогают друг другу справляться со стрессом и решать разные проблемы. А у детей и внуков может не быть времени для достаточного общения с пожилым членом семьи. Помогают дружбе и развитие социальных сетей в Интернете – всё больше пожилых людей учатся пользоваться преимуществами всемирной Сети и общаться с друзьями с помощью компьютера.

www.medkrug.ru

Дру́жба – личные бескорыстные взаимоотношения между людьми, основанные на любви, доверии, искренности, взаимных симпатиях, общих интересах и увлечениях. Обязательными признаками дружбы являются взаимность, доверие и терпение. Людей, связанных между собой дружбой, называют *друзьями*.

27 апреля 2011 года на своей 65-й сессии Генеральная Ассамблея ООН объявила 30 июля Международным днём дружбы.

Википедия

Что такое дружба?

«Друг». «Подружиться». «Дружба». Какой смысл вы вкладываете в эти слова? Можете ли вы дать чёткое определение этим понятиям?

С дружбой приходится сталкиваться в жизни каждому человеку. Когда у человека есть настоящие друзья, это сильно влияет даже на то, насколько счастливым он себя чувствует. Для каждого из нас важно умение отличить дружбу от других видов отношений, а для этого в первую очередь нужно знать, что же представляет собой дружба.

Кроме того, понимание того, что же такое дружба, поможет нам самим быть хорошим другом, обрести надёжных друзей и сохранять дружбу крепкой.

Одним из частых заблуждений о том, что такое дружба и кто такие друзья, является мысль, что наши друзья – это те, с кем мы проводим много времени, с кем нам весело и есть о чём поговорить, ну а дружба – это сам процесс такого общения. Однако, это совершенно не так. Запомните: дружба – это не общение, не какой-то процесс и вообще не что-то внешнее. Настоящая дружба – это чувство, лежащее глубоко в сердце.

Совершенно не обязательно, чтобы дружба была напрямую связана с личным общением или зависела от него. Настоящие друзья всегда остаются друзьями независимо от обстоятельств. На этот счёт есть показательный пример в Библии. В силу обстоятельств Давид скрывался от своего врага – царя Саула – почти семь лет, и за это время он видел своего близкого друга Ионафана всего один раз незадолго до его смерти. Однако всё это время их дружба была нерушима, и спустя семь лет разлуки Ионафан был готов рисковать жизнью только ради того, чтобы ободрить своего друга и заверить в своей дружеской любви!

В отличие от дружбы, приятельские отношения зависят от общения, не связаны с чувствами и не порождают никаких взаимных обязательств или привязанности. Именно с приятелями мы зачастую общаемся больше всего.

Ошибочное принятие приятельских отношений за дружбу может в итоге привести к разочарованию и глубокой душевной травме. Иногда в итоге от таких отношений получаешь совсем не то, что ожидал (или не получаешь того, что ожидал). Поэтому, обзаводясь приятелями, не спешите поспешно делать выводы, что это уже ваши друзья до гроба. Как сказал один известный человек, «выявит друга время, как золото – огонь».

www.o-druzhbe.ru

2 Вы начали учиться в университете. Теперь вы живёте в общежитии. Расскажите маме о своей жизни вне дома. Ваш рассказ должен быть логичным, связным и содержать не менее 20 фраз. Не забудьте написать:

- где находится общежитие»;

- на каком этаже вы живёте;
- какая у вас комната;
- кто ваши соседи по комнате;
- студенты из каких стран живут в общежитии;
- с кем вы уже познакомились и на каком языке вы разговариваете с ними;
- где студенты завтракают и обедают;
- как далеко от общежития магазин, где вы обычно покупаете продукты;
- можно ли готовить в вашем общежитии;
- как вы проводите выходные.

제4부

듣기

Аудирование

Занятие 1

1강

1 Прослушайте текст 1.1 и выберите правильный вариант ответа.

1. История, рассказанная в тексте, произошла … .

   А) в Греции

   Б) в России

   В) в Италии

2. Антонио сделал свою первую скрипку … .

   А) в 15 лет

   Б) в 13 лет

   В) в 20 лет

3. Долгие годы одна мысль не давала Антонио покоя – … .

   А) почему его скрипки так плохо звучат

   Б) почему у него нет своей скрипки

   В) почему у него нет своих учеников

4. Когда Страдивари создал свои самые лучшие скрипки, … .

   А) ему уже было 80 лет

   Б) ему было 60 лет

   В) ему было 30 лет

5. «Секрет Страдивари», который пытались разгадать веками, … .

   А) умер вместе с ним

   Б) вовсе и не был секретом

   В) великий мастер оставил своим детям

6. Идеал для Страдивари – это … .

   А) много учеников

   Б) звук его лучшей скрипки

   В) отличная мастерская

② Прослушайте текст 1.2 и выберите правильный вариант ответа.

1. Один старый мудрый человек позвал к себе сына перед смертью, чтобы … .

   А) попрощаться с ним

   Б) встретиться с ним

   В) чтобы попросить его отправиться в путь

2. Старик попросил, чтобы его сын … .

   А) везде, где считает нужным, строил дом

   Б) посмотрел мир

   В) отправился путешествовать

3. Долго бродил сын по земле и наконец вернулся домой, … .

   А) не выполнив просьбу старого отца

   Б) выполнив просьбу отца

   В) выполнив просьбу отца, но не так, как хотел старик

4. Сын рассказал отцу, что … .

   А) всюду, где ему нравилось, он построил прекрасные, прочные дворцы

   Б) нигде ему не нравилось, и он не построил дома

   В) он нашёл много верных друзей

5. Выслушал сына отец и сказал: … .

   А) «Очень плохо ты выполнил мою просьбу»

   Б) «Ты совсем не понял меня, сынок»

   В) «Молодец, ты всё сделал правильно»

6) Старый человек дал совет своему сыну: … .

   А) «Главное в жизни – богатство»

   Б) «Если есть много друзей, то и дом всегда найдётся»

   В) «Если есть деньги, то и дворец себе построить легко»

3 **Прослушайте текст 1.3 (диалог) и выберите правильный вариант ответа.**

1. Андрей долго искал Иру, чтобы … .

   А) пригласить её в Мариинский театр

   Б) пойти с ней на дискотеку

   В) пригласить её на балет «Лебединое озеро»

2. Ира пошла бы на балет … .

   А) но ей не очень хотелось

   Б) но у неё не было времени

   В) с удовольствием

3. Андрей сказал, что он … .

   А) не очень любит балет

   Б) больше всего любит «Лебединое озеро»

   В) больше любит драму

4. Андрею нравится в балете … .

   А) только музыка

   Б) только содержание сказки о любви

   В) всё

5. Андрей был на балете, а Ира была … .

   А) на дискотеке

   Б) на выставке картин

   В) за городом

4 **Прослушайте текст 1.4 (диалог) и выберите правильный вариант ответа.**

1. Лена и Олег встречаются … .

   А) постоянно

   Б) иногда

   В) каждый день

2. Увидев друг друга, они … .

   А) удивились

   Б) расстроились

   В) обрадовались

3. Лена сдавала экзамен … .

   А) по истории

   Б) по химии

   В) по философии

4. К экзамену нужно было выучить … .

   А) 25 вопросов

   Б) 26 билетов

   В) 50 вопросов

5. На экзамене Лена получила оценку… .

   А) хорошо

   Б) отлично

   В) удовлетворительно

6. Завтра Лена собирается … .

   А) поехать к бабушке

   Б) поехать в парк

   В) покататься на фуникулёре

7. Наверное, Олег и Лена … .

   А) учатся в одной группе

   Б) хорошие друзья

   В) случайные знакомые

Занятие 2

2강

1 **Прослушайте текст 2.1 и выберите правильный вариант ответа.**

1. А. Бородин известен не только как композитор, но и … .

   А) как писатель

   Б) как учёный-химик

   В) как физик

2. Бородин родился в богатой дворянской семье … .

   А) в Москве

   Б) в Саратове

   В) в Санкт-Петербурге

3. Александр был очень способным юношей и уже в гимназии серьёзно занимался … .

   А) музыкой

   Б) химией, физикой, математикой, биологией

   В) театром

4. После окончания гимназии Александр поступил … .

   А) в Петербургский университет

   Б) в медицинский институт

   В) в театральный институт

5. Бородин работал врачом, но решил изменить профессию и стать … .

   А) биологом

   Б) артистом

   В) химиком

6. В свободное время он часто играл … .

   А) на гитаре

   Б) на арфе

   В) на пианино

7. Он написал прекрасную оперу «Князь Игорь» … .

   А) когда ему было 22 года

   Б) когда ему было 35 лет

   В) когда ему было 37 лет

2 **Прослушайте текст 2.2 и выберите правильный вариант ответа.**

1. В 2003 году россияне отметили … Санкт-Петербурга.

   А) двухсотлетие

   Б) трёхсотлетие

   В) столетие

2. Петербург был столицей Российского государства … .

   А) более 50 лет

   Б) более 200 лет

   В) более 100 лет

3. Город возник на этом месте в силу исторической необходимости: … .

   А) России нужен был выход к морю

   Б) России нужна была новая столица

   В) России нужен был новый город

4. 16 мая 1703 года без всяких торжеств заложили новую крепость … .

    А) на правом берегу Невы

    Б) на левом берегу Невы

    В) в дельте Невы

5. Солдаты, крепостные крестьяне, строители нового города, жили … .

    А) в нормальных условиях

    Б) в очень тяжёлых условиях

    В) в комфортных условиях

6. Несмотря на трудности, царь Пётр I объявил новый город столицей … .

    А) в 1712 году

    Б) в 1704 году

    В) в 1710 году

3 **Прослушайте текст 2.3 (диалог) и выберите правильный вариант ответа.**

1. Джон и Джек давно не встречались в университете, потому что … .

    А) Джон работал в Санкт-Петербурге

    Б) Джон уезжал учиться в Санкт-Петербург

    В) Джон уезжал на экскурсию в Санкт-Петербург

2. Санкт-Петербург произвёл на студента … .

    А) неповторимое впечатление

    Б) слабое впечатление

    В) неприятное впечатление

3. Джон познакомился с историей города … .

   А) по рассказам друзей

   Б) на лекциях в университете

   В) во время автобусной экскурсии

4. Он слушал экскурсовода и … .

   А) ничего не понимал

   Б) всё прекрасно понимал

   В) не всё понимал

5. Джон не смог обо всём рассказать на ходу Джеку и … .

   А) пригласил Джека к себе в гости сегодня вечером

   Б) пообещал рассказать всё в следующие выходные

   В) пообещал рассказать когда-нибудь в следующий раз

4. Прослушайте текст 2.4 (диалог) и выберите правильный вариант ответа.

1. Анна решила … .

   А) не ходить сегодня на занятия

   Б) обратиться к врачу

   В) всё-таки пойти на уроки русского языка

2. Она слышала о сиднейском гриппе, но … .

   А) не придала этому значения

   Б) по её мнению, она делает всё, чтобы не заболеть

   В) очень легкомысленно отнеслась к этому заболеванию

3. Друг Анны посоветовал ей … .

　　А) остаться на занятиях

　　Б) не обращать внимания на плохое самочувствие

　　В) пойти домой, вызвать врача и лечь в постель

4. Анна согласилась, что … .

　　А) ей надо идти домой лечиться;

　　Б) она совсем здорова

　　В) всё скоро пройдёт

5. Студентка серьёзно относится к своему здоровью и … .

　　А) интересуется народной медициной

　　Б) многое знает о гриппе

　　В) хочет срочно пойти в поликлинику

Занятие 3

3강

1 Прослушайте текст 3.1 и выберите правильный вариант ответа.

1. Иван Айвазовский родился в семье купца … .

   А) в Петербурге

   Б) в Москве

   В) в Феодосии

2. После окончания гимназии юноша поступил … .

   А) в Петербургский университет

   Б) в Академию художеств

   В) в медицинский институт

3. После получения образования Айвазовский … .

   А) поехал заниматься живописью в Италию

   Б) вернулся в свой родной город

   В) остался работать в Петербурге

4. В морском походе молодой художник … .

   А) участвовал в военных действиях

   Б) писал виды Чёрного моря

   В) решил стать военным

5. Получив признание, Айвазовский снова вернулся на родину … .

   А) и построил дом, мастерскую и открыл художественную школу

   Б) и решил больше не заниматься живописью

   В) и начал заниматься преподаванием в Адмиралтействе

6. Адмиралтейство назначило Айвазовского своим официальным художником, … .

   А) и многие годы он рисовал портреты военачальников

   Б) и он стал участвовать в военных экспедициях

   В) и он начал получать там зарплату

7. Айвазовский всю жизнь занимался благотворительностью: … .

   А) он открыл в Феодосии драматический театр

   Б) он тратил большую часть своих денег на покупку произведений искусства

   В) он открыл в Феодосии университет

2 **Прослушайте текст 3.2 и выберите правильный вариант ответа.**

1. Новогоднюю ёлку полярникам решили подарить … .

   А) их друзья из России

   Б) бывшие полярники

   В) журналисты

2. Они подумали, что это будет самый желанный подарок, … .

   А) так как в Антарктиде ёлки не растут

   Б) потому что эта ёлка с родины

   В) так как всё остальное у полярников уже есть

3. В редакции ёлку одели в целлофан и сделали надпись … .

   А) «Героям-полярникам от Москвы»

   Б) «От Комсомолки – полярникам Антарктиды»

   В) «С Новым годом, полярники!»

4. Сначала ёлка благополучно прилетела … .

   А) в Ташкент

   Б) в Америку

   В) в Испанию

5. Она совершила длинное путешествие и побывала … .

   А) во всех странах мира

   Б) в Индии, в Бирме и Индонезии

   В) в Арктике

6. Полмира ёлка пролетела без визы, но её задержали … .

   А) в Дели

   Б) в Новой Зеландии

   В) в городе Дарвине

7. Наконец лесная красавица попала … .

   А) в Арктику

   Б) в Австралию

   В) в Антарктиду

3 **Прослушайте текст 3.3 (диалог) и выберите правильный вариант ответа.**

1. Наташа и Андрей встретились на улице, когда … .

   А) девушка спешила на лекцию в университет

   Б) она спешила на тренировку в бассейн

   В) Наташа бежала в аптеку за лекарством

2. Наташа и Андрей … .

   А) старые друзья

   Б) мало знакомы

   В) родственники

3. Наташа начала заниматься в бассейне … .

   А) много лет назад

   Б) совсем недавно

   В) год назад

4. Девушка решила учиться плавать … .

   А) потому что все её друзья умеют плавать

   Б) так как у неё было много свободного времени

   В) благодаря случаю на озере

5. Занятия в бассейне Наташе … .

   А) совсем не нравятся

   Б) не приносят ей большой радости

   В) очень нравятся

6. Тренер так всё объясняет, что … .

   А) Наташа быстро научилась плавать и даже участвует в соревнованиях

   Б) девушке хочется заниматься ещё больше

   В) она потеряла интерес к плаванию

4 **Прослушайте текст 3.4 (диалог) и выберите правильный вариант ответа.**

1. Миша встретил Олега и приглашает его в воскресенье … .

   А) в театр

   Б) на концерт рок-группы

   В) на день рождения Тани

2. Олег сомневается, идти или нет, потому что … .

    А) в воскресенье у него много дел

    Б) он не хочет идти на день рождения Тани

    В) он пойдёт в воскресенье в бассейн

3. Миша думает, … .

    А) с кем пойти к Тане

    Б) в какое время идти в гости

    В) что же подарить Тане

4. Олег и Миша решили подарить Тане … .

    А) гитару

    Б) шахматы

    В) теннисную ракетку

5. Миша просит Олега … .

    А) взять с собой гитару

    Б) научить его играть на гитаре и петь

    В) выступить на концерте

제5부

말하기

Говорение

Занятие 1

1강

1 **Задание 1. Примите участие в разговоре. Ответьте на реплику собеседника, при необходимости используя предложенные модели.**

1. – Марина сегодня плохо выглядит, у неё усталый вид.

   – …

   (она долго занималась; у неё скоро экзамен, она сейчас очень устаёт, потому что…; мало отдыхает; плохо себя чувствует)

2. – Ты очень хорошо танцуешь! Ты где-то учился этому?

   – …

   (несколько лет занимался; до сих пор занимаюсь; уже три года занимаюсь; только два месяца; моя сестра учила меня)

3. – Вы не знаете, как добраться до центрального рынка? Это очень далеко?

   – …

   (извините, я приезжий; спросите кого-нибудь другого; идите прямо до… , это (не) далеко… , можно доехать на …)

4. – По-моему, этот фильм совершенно неинтересный! Мы только зря потратили время.

   – …

   (ну что ты; я с тобой (совершенно) (не) согласен; я (не) согласен с тобой; это фильм для…)

5. – Я знаю, что ты завтра уезжаешь в путешествие по краю. Я хотел бы проводить тебя. Когда отправляется автобус? Откуда?

– …

(автобус отправляется от … в …; мы собираемся около … в …)

6. – Сейчас в автобусе у меня украли деньги. Что делать?

– …

(вам нужно обратиться в …; советую вам; даже не знаю, что вам посоветовать; я бы на вашем месте…)

7. – Посоветуйте мне, где можно купить учебники и словари.

– …

(можно купить; советую вам съездить; мне говорили о…)

Задание 2. Познакомьтесь с ситуацией и примите участие в разговоре.

1. Вы пригласили друзей – студентов отметить ваш день рождения в кафе. Сделайте заказ.
2. Ваша младшая сестра хочет приехать во Владивосток учиться русскому языку. Расспросите директора Института о группах для неё.
3. Ваши знакомые были на концерте популярного российского певца Валерия Меладзе, которого вы тоже любите. Расспросите их о концерте.
4. Вы хотите купить билеты на спектакль театра им. М. Горького в кассе театра. Узнайте у прохожего на улице, где находится театр и кассы.
5. У вас скоро экзамен. Вы пришли в библиотеку для того, чтобы взять интересующие вас книги. Объясните библиотекарю, что вам нужно.

Задание 3. Прочитайте текст и перескажите его. Сформулируйте главную идею текста. Попытайтесь рассказать, что мог чувствовать Дэви, управляя самолётом вместо отца.

Отец и сын

Самолёт, летевший из Каира, приземлился на пустынном берегу Красного моря. Вокруг были только пустыня и море – больше ничего. Из самолёта вышел только Бен со своим сыном Дэви. Бен жил в Каире, он был опытным лётчиком, но не имел работы и должен был как-то зарабатывать на жизнь. Он стал снимать фильмы о рыбах. Чтобы получить большие деньги, Бен решил снять фильм об акулах. Для этого он и прилетел сюда.

Он часто брал в полёт своего сына и немного научил его управлять самолётом, хотя Дэви было всего десять лет. И в этот раз он взял его с собой.

Бен, собираясь спуститься в воду, приготовил кинокамеру, надел маску и акваланг. Когда Дэви, помогавший отцу, понял, что сейчас останется один на этом пустынном берегу, он спросил: «Скажи, отец, сюда приходят люди?»

– Нет, мы здесь одни, – ответил отец. – Сюда можно прилететь только на самолёте.

Увидев, что сын боится, Бен успокоил его:

– Не бойся, я вернусь минут через двадцать.

Бен, державший в одной руке кинокамеру, а в другой кусок мяса, стал спускаться под воду. Мясо нужно было Бену, чтобы привлечь внимание акул, которых здесь было огромное количество.

Он знал, что плавать среди этих страшных рыб было очень опасно. Но он плыл и думал, что сможет заработать много денег. Бену не пришлось ждать долго. Скоро собралось много акул, и Бен увлёкся съёмками.

Он не заметил, что одна из акул подплыла к нему. Он увидел её только в тот момент, когда она плыла прямо на него. Но было уже поздно. Защищаясь кинокамерой, Бен начал подниматься на поверхность.. Но акула не хотела оставлять свою жертву и быстро поплыла за ним.

Вдруг он почувствовал резкую боль в руке и ноге. Собрав все свои силы, он выплыл на берег. Увидев отца в крови, Дэви бросился к нему. Бен был без сознания. Мальчик понял, что случилось там, под водой, и с ужасом смотрел на отца, не зная, как ему помочь.

Когда Бен пришёл в себя, он увидел испуганное лицо сына. Бен понимал, что он не сможет вести самолёт, а здесь их никто не найдёт. Значит, их спасение зависит от сына, десятилетнего мальчика.

– Дэви, – с трудом заговорил Бен, – ты должен помочь мне сесть на самолёт.

Дэви было очень трудно выполнить просьбу отца, но он так хотел помочь ему! От боли и слабости Бен часто терял сознание. Наконец отец и сын были в самолёте. Бен открыл глаза и, стараясь говорить спокойно, чтобы не испугать мальчика, сказал:

– Слушай, Дэви, я не могу управлять самолётом, я тяжело ранен. Это должен сделать ты. Я буду помогать тебе.

И он начал говорить мальчику, что надо делать. Мотор заработал и самолёт поднялся. Полёт, продолжавшийся несколько часов, показался Дэву бесконечно долгим. Хотя Дэви боялся, он выполнял все, что ему говорил отец.

Вдали показался Каир. Самое трудное было впереди. Дэви сомневался, что может посадить самолёт. Он знал, что это трудно даже опытному лётчику. Когда самолёт подлетал к аэродрому, Бен опять потерял сознание. А Дэви нужны были советы отца. И он летал над аэродромом. А люди, видевшие с земли самолёт, который всё летал над ними, не понимали, что случилось.

Наконец Бен открыл глаза. Ему было очень плохо.

– Где мы? – с трудом спросил он.

– Мы прилетели, отец, – сказал Дэви, – но я не знаю, как посадить самолёт.

Отец видел страх в глазах мальчика. Надо было его успокоить.

– Наш самолёт приземлится благополучно, если ты будешь делать всё спокойно. Слушай меня.

Сердце Бена сильно билось. Он понимал, как трудно сейчас его мальчику. Но вот Бен почувствовал, что самолёт бежит по земле, а потом наступила удивительная тишина.

Бен подумал: «Мы спасены!» – и опять потерял сознание.

Задание 4. Ваш младший товарищ не знает, куда пойти учиться. Расскажите ему о своём университете, посоветуйте, на какой факультет лучше поступить, где можно будет работать после окончания университета.

Вы можете рассказать:

- где вы учитесь;
- в каких условиях живут студенты;
- как учатся студенты;
- каков режим учебы;
- чем занимаются студенты в свободное время;
- какие преподаватели работают в вашем университете;
- каковы перспективы найти престижную работу выпускникам вашего университета.

В вашем рассказе должно быть не менее 20 фраз.

Занятие 2

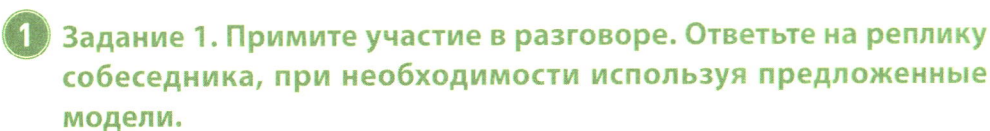

1. **Задание 1. Примите участие в разговоре. Ответьте на реплику собеседника, при необходимости используя предложенные модели.**

   1. – Ты, кажется, сдавал сегодня какой-то экзамен? Ну и как, сдал?

      – …

      (я сдавал …; получил …; у меня был экзамен по …; мне достался … билет; мне (не) повезло; был вопрос о … и т.д.)

   2. – Я плохо себя чувствую сегодня, голова болит, насморк. Посоветуйте, что мне делать …

      – …

      (советую тебе…; принять лекарство; лечь в постель; измерить температуру; я могу сходить в аптеку)

   3. – Хочу купить Анне в подарок какой-нибудь дальневосточный сувенир. Что вы мне посоветуете?

      – …

      (купите …; кажется она интересуется …; подарите ей …; даже не знаю, что вам посоветовать; может быть, ей понравится …)

   4. – Вы прекрасно играете в баскетбол! Вы, наверное, долго занимались спортом? В школе или в университете?

      – …

      (я занимался …; увлекался … с детства; несколько лет; долгое время; в свободное время)

제5부 말하기

5. – Я хочу получить визу для поездки в Японию. Что мне делать?
   – …

   (вам нужно обратиться в …; обратитесь в … , там вам помогут)

6. – Вы не знаете, какая погода будет завтра? Мы собираемся поехать за город.
   – …

   (по радио сказали, что…; я слышал прогноз; к сожалению, я не слышал прогноза; мне кажется, будет …; возможны осадки)

7. – Завтра начинаются зимние каникулы. Вы первый раз в России зимой? Какие у вас планы на эти две недели?
   – …

   (я хочу; я собираюсь (планирую); я хотел бы; я очень люблю; мне нравится)

Задание 2. Познакомьтесь с ситуацией и примите участие в разговоре.

1. Вы живёте в общежитии. Вам не нравится жить на втором этаже, вы хотели бы переехать на третий. Объясните дежурной причину своего недовольства.
2. Вы долго гуляли, замёрзли, проголодались и зашли ненадолго к другу. Объясните ему цель своего визита.
3. Ваша подруга посмотрела новую комедию, о которой все говорят. Расспросите её о фильме.
4. Вы узнали, что один из ваших знакомых купил квартиру. Поздравьте его и узнайте о новой квартире всё, что вас интересует.
5. К вам в гости приехал друг. Он впервые во Владивостоке. Посоветуйте ему, какие места города ему лучше посетить и что из достопримечательностей города посмотреть.

3 Задание 3. Прочитайте текст и перескажите его. Сформулируйте главную идею текста.

Гадюка

Матрёна попросила мужиков взять с собой на рыбалку её немого сына Пашку:

– Возьмите, мужики, а то жалко парня – сидит целыми днями дома, никуда не ходит.

До семи лет Пашка был обычным разговорчивым ребёнком. Но потерял дар речи, когда соседский котёнок погиб на его глазах во время пожара. Лечить Пашку пытались и врачи, и бабки-знахарки, но говорить он так и не смог.

Рыбы наловили много. На берегу развели костёр, сварили крепкую уху и, как у рыбаков водится, под уху налили по стаканчику водки. Никогда не бравший в рот спиртного, Пашка выпил пол-стакана водки и, вскоре опьянел и прилёг под кустом. Он заснул.

Мужики долго сидели у костра и рассказывали рыбацкие истории. Один из них решил проверить, как там Пашка. Подошёл к спящему под кустом мальчику и чуть не закричал. Возле Пашкиных ног, свернувшись клубком, лежала большая чёрная гадюка. Гадюки – самые ядовитые змеи... что делать?

– Мужики, что делать будем? Пашку спасать как-то надо – змея рядом с ним лежит, – заикаясь, хриплым голосом сказал он.

Пока рыбаки решали, что делать, гадюка развернулась и медленно заползла в Пашкин сапог. Осторожно надев большой мешок на Пашкину ногу, Тихон Савич стал медленно стягивать сапог. В этот момент Пашка открыл глаза...

– Не шевелись, на твоей ноге лежит уж, он хоть и не ядовитый, но укусить может, потерпи, сейчас мы его скинем, – прошептали ему на ухо.

Почуяв опасность, гадюка зашевелилась, сползла с ноги и медленно вползла в уже пустой сапог.

– Ты, видать, в рубашке родился, парень! – с облегчением выдохнул Тихон Савич. Он быстро перевязал мешок верёвкой и бросил его в костёр.

– Вы что, с ума сошли что ли? Он ведь меня не укусил, выпустите его – вырвалось у Пашки – вы же сами сказали, что ужи не ядовитые!

Мужики стали рассказывать ему, что обманули его, чтобы не двигался, что это была гадюка. Вдруг, кто-то воскликнул:

– Мужики, а ведь Пашка-то наш заговорил, вы слышали?! Пашка стоял, прикрыв рот рукой и широко распахнув глаза.

– А ну, ребята, качай его! Радость-то какая!

Шесть пар сильных рук спасителей подняли его и несколько раз подкинули вверх.

– Так ведь это же она, гадюка – помогла мне заговорить и даже не ужалила, а могла ведь! – закричал немой Пашка, когда бросился к костру спасать змею…

По Ф. Соколовой

④ Задание 4. Человек, который собирается работать в вашей фирме, хочет узнать больше информации о своей будущей работе.

Расскажите подробнее о вашей работе.

Вы можете рассказать о том:
- где вы работаете;
- чем занимается ваша фирма;
- чем он должен заниматься на этой работе;
- с кем он будет работать вместе;
- кто его начальник (какой он человек);
- чем занимаются сотрудники фирмы в свободное время.

В вашем рассказе должно быть не менее 20 фраз.

Занятие 3

3강

① Задание 1. Примите участие в разговоре. Ответьте на реплику собеседника.

1. – Извините, вы не знаете, как пройти к гостинице «Владивосток»?

   – …

   (это совсем недалеко отсюда; поднимитесь (спуститесь) по улице; прямо перед вами)

2. – Ты отлично играешь на гитаре и поёшь. Ты сам сочиняешь песни?

   – …

   (что ты, конечно, нет; я изучал в музыкальной школе композицию; мне сочиняет мой старший брат; я слушаю диски и запоминаю мелодии)

3. – Студентам нашего института предлагают экскурсии в Москву и Санкт-Петербург. Ты поедешь?

   – …

   (да, конечно, это так интересно; нет, у меня нет свободного времени; если вместе с друзьями, то поеду)

4. – Катя приглашает нас в гости. Пойдём? …Но что взять с собой?

   – …

   (можно сходить, хотя у меня много уроков; обязательно пойдём, а то она обидится; нужно подарить ей …)

5. – Завтра ко мне в гости прилетят друзья из Японии. Их надо обязательно встретить. Ты мне не можешь помочь?

– ...

(конечно, помогу; надо попросить моих русских друзей, у них есть своя машина)

6. – Вика заболела, у неё высокая температура. Пойдём после уроков навестим её?

– ...

(обязательно, ей надо помочь; ей надо купить ...)

7. – Я хочу купить себе компьютер. Ты не знаешь, где лучше это сделать?

– ...

(я думаю, в ...; могу тебе посоветовать; пойдём вместе, я тебе помогу)

② Задание 2. Познакомьтесь с ситуацией и примите участие в разговоре.

1. Вы хотите поехать отдыхать на каникулы во Вьетнам. Вы пришли в Генеральное консульство Вьетнама во Владивостоке. Расспросите сотрудника консульства, какие документы вам нужно приготовить для того чтобы получить визу.

2. После занятий вы почувствовали себя плохо. Вы сразу вызвали «Скорую помощь». Через несколько минут приехал врач. Побеседуйте с врачом.

3. Вы ещё плохо знаете город Владивосток. Вы один/одна пошли гулять и заблудились. Спросите прохожего, как доехать до вашего общежития.

4. Ваш друг дал вам посмотреть DVD с фильмом. Обменяйтесь мнениями о новом фильме.

5. Вы переписываетесь по Интернету со своими друзьями на родине. Расскажите своим друзьям в университете о полученных новостях.

Задание 3. Прочитайте текст и перескажите его. Сформулируйте главную мысль текста. Выразите своё отношение к герою текста.

Новый Робинзон

Это случилось недавно. Литовский спортсмен Паулус Нормантас решил провести отпуск на берегу Аральского моря. Он часто слышал рассказы рыбаков о том, что там очень интересная природа, красивые острова и очень много рыбы. Паулус подготовил всё необходимое, взял лодку, подводное ружьё, фотоаппарат, запас продуктов и отправился в это трудное путешествие.

Это было весной – в конце марта, погода стояла холодная. Сначала всё было хорошо. Паулус плыл в лодке, с интересом рассматривал берега Аральского моря, которое в это время года очень пустынно. Когда он устал, он решил подплыть к острову и немного отдохнуть. Выйдя из лодки, он вытащил её на берег, взял рюкзак и пошёл осматривать остров. Вокруг были заросли камыша, из-под ног вылетали стаи крупных красивых птиц. Людей на острове не было. Осмотрев местность, Паулус вернулся на берег. Но… лодки на берегу не было. Далеко в море он увидел белый парус. Паулус понял: вода подняла лодку и унесла её в открытое море. Паулус остался на острове один.

Сначала он очень испугался. Он не знал, когда здесь могут появиться люди и сколько времени он должен будет жить на острове один. Он осмотрел свои вещи: ружьё, нож, линза, немного хлеба, сахара, чая, муки, спички, любимая книга. Что делать? Он должен был надеяться только на свои силы.

Паулус разжёг костёр, приготовил чай. Вода здесь была немного солоноватая, но её можно было пить. В эту ночь он не спал из-за холода. Но на следующую ночь он сделал из глины маленький домик, где можно было только сидеть и лежать.

Так началась его жизнь на острове. Ни на следующий день, ни через неделю люди на острове не появились. Продукты кончились. Несколько дней Паулус голодал. В море было много рыбы, у Паулуса было подводное ружьё, но температура воды была около плюс восьми градусов. Сколько минут может человек проплыть в такой холодной воде, не рискуя заболеть? А болеть нельзя, болезнь

– это смерть. Паулус решил начать подготовку: каждое утро он делал упражнения, бегал вокруг острова, а потом плавал в воде, сколько хватало сил, постепенно увеличивая время.

На восьмой день он начал подводную охоту. Через три дня он смог наконец поймать большую рыбу. Ел её осторожно, медленно, чувствуя, как возвращаются силы. С этого дня жизнь стала легче. Море теплело, солнце светило всё ярче и ярче. Скоро на острове появилась трава, а с ней враги – змеи и скорпионы.

Шёл день за днём, неделя за неделей. У Паулуса уже были свои маленькие радости: прилетели новые птицы, пришли черепахи. Были и неприятности: на острове начался пожар. Паулус должен был покинуть остров. В уже потеплевшей воде, сделав небольшой плот, он переплыл на соседний островок. Теперь каждый день он ловил много рыбы, он её парил, запекал, сушил. Днём он был занят с утра до вечера. Вечером он читал свою единственную книгу «Морской орёл» Олдриджа.

Кончился месяц его пребывания на острове. Самые трудные дни были позади. С каждым днём теплел воздух, но всё труднее становилось одиночество. Начал разговаривать сам с собой, с птицами, с рыбами.

И вот Паулус начал готовиться к большому заплыву. Девятого мая он отправился в путь. Плыл медленно, от острова к острову, останавливался на день-два. Наконец доплыл до берега. До ближайшего посёлка – сто тридцать километров. Пошёл пешком, без пищи и воды. К счастью, на второй день встретил людей, которые довезли его до посёлка. Так закончилось это необычное путешествие, которое продолжалось пятьдесят пять дней. За это время Паулус похудел на пятнадцать килограммов, загорел, устал от холода, голода, одиночества. Но все эти приключения он вспоминает сейчас с улыбкой. Он не проиграл, не сдался, а значит – он настоящий человек.

④ Задание 4. Из России к вам в гости должен приехать ваш хороший друг. Он первый раз приезжает в вашу страну. Расскажите подробно о нём своим родителям.

Вы можете рассказать:

- о его возрасте, внешности, характере;
- о том, чем он занимается, что любит делать, а что не любит;
- о том, какая у него семья, кто его родители (другие родственники);
- о его увлечениях;
- о том, где вы познакомились, почему вы стали друзьями.

В вашем рассказе должно быть не менее 20 фраз.

부록
ПРИЛОЖЕНИЯ

부록 1.
어휘·문법 실전 테스트

Тренировочный тест.

ЧАСТЬ I

Выберите правильный вариант.

1. Этот текст … «Один день в городе».	(А) зовут
2. Моего друга … Вячеслав.	(Б) называют
3. Мою собаку … Дэзи.	(В) называется
4. Эта фирма … «Экстра».	
5. Скажите, пожалуйста, как … этого молодого человека?	
6. Наша программа … «Новый мир».	
7. Денис неплохо … физику.	(А) нравится
8. Саша хорошо … танцевать.	(Б) умеет
9. Этот студент прекрасно … русскую литературу.	(В) знает
10. Он … , как писать доклад.	
11. Она не … играть в теннис.	
12. Мои друзья давно узнали об этом, но никому не … .	(А) рассказывали
13. Подруги весь день … по телефону.	(Б) разговаривали
14. Мы больше не … на эту тему.	(В) повторяли
15. Родители интересно … о своих детях.	
16. Они … , как ездили в санаторий этим летом.	

17. Она … в нашем университете. 18. Максим всегда … новые слова. 19. В университете он … литературу и философию. 20. Светлана неплохо … . 21. Не мешайте ей, она … стихи Пушкина.	(А) учит (Б) изучает (В) учится
22. Студенты этой группы уже неплохо говорят … . 23. Дети изучают … с двух лет. 24. Он купил интересные книги … . 25. Вы должны хорошо знать … .	(А) по-английски (Б) на английском языке (В) английский язык
26. Он … меня каждый день звонить родителям. 27. Отец всегда … мне бросить курить. 28. Брат … , что мне надо сходить в магазин. 29. Преподаватель … меня закрыть окно. 30. Иван … , что завтра не будет лекции.	(А) советовал (Б) сказал (В) попросил
31. Они ещё не … свои проблемы. 32. На уроке студенты … все трудные задачи. 33. Мы … все упражнения по этой теме.	(А) сделали (Б) решили
34. Они внимательно … преподавателя. 35. Он всегда … новости по радио. 36. Вы … эту новость? 37. Кто … эту песню раньше?	(А) слышал (и) (Б) слушал (и)
38. Я … , как решать задачу. 39. Он … меня не закрывать дверь. 40. Он … меня, где находится кафе. 41. Он … включить телевизор. 42. Виктор … , сколько стоит колбаса.	(А) спросил (Б) попросил

43. Наташа часто … эту передачу. 44. Ему нужны очки, потому что он плохо … . 45. Она часто … его маму. 46. Каждый вечер мой отец … фильмы по телевизору. 47. После операции моя мама … намного лучше. 48. Мой друг … мои фотографии в альбоме.	(А) видит (Б) смотрит
49. Ирина … , что сегодня занятия начинаются в 8 часов утра. 50. Она часто … этого молодого человека. 51. Она … день его рождения. 52. Мария любила этого поэта, поэтому … наизусть его стихи. 53. Наташа смотрела на него и … своё детство. 54. Она хорошо … его телефон.	(А) вспоминала (Б) помнила
55. Эту проблему надо серьёзно … . 56. Он будет … здесь ещё два месяца. 57. Он должен хорошо … . 58. Студенты могут … дополнительные предметы по желанию. 59. Ему нравится … в этом институте.	(А) учиться (Б) учить (В) изучать
60. Каждый день мы … спортом. 61. Мы с Иваном … в библиотеке по вторникам и пятницам. 62. Мы … в этой школе уже второй год. 63. Мы не … эти проблемы. 64. Сегодня мы … в этой аудитории.	(А) учимся (Б) занимаемся (В) изучаем

65. В выходные дни я люблю … по парку. 66. Она должна … на работу в 8 утра. 67. Врач советует мне поехать … на море. 68. Я буду … к тебе в больницу каждый день.	(А) гулять (Б) отдыхать (В) приходить
69. Мы всегда … эту радиопередачу. 70. Мы не … новости, потому что у нас нет телевизора. 71. Мы не … в этом тексте новые слова.	(А) видим (Б) смотрим (В) слушаем
72. Магазин … в два часа. 73. Урок … полтора часа. 74. Разговор … пять минут. 75. Ремонт … недавно, но рабочие сделали довольно много.	(А) начался (Б) продолжался (В) кончился (Г) открылся
76. Мне нужно … экзамены. 77. Ей нравится … вопросы преподавателю. 78. Вам легко … советы. 79. Вам не надо … эту книгу в библиотеку. 80. Не надо … ребёнку конфеты. 81. Вы будете … тест летом. 82. Она будет … тебе этот словарь каждый день.	(А) давать (Б) задавать (В) сдавать

Выберите ВСЕ ВОЗМОЖНЫЕ варианты.

83. В этом клубе будет выступать … певица. 84. Его … сестра часто приходит на собрание. 85. Эта … картина находится в городском музее. 86. Какая … кофта! Где ты её нашёл?	(А) старая (Б) известная (В) старшая (Г) старинная

87. Это … книга. Она издана в 1730 году. 88. Эта женщина – … актриса.	(А) старая (Б) известная (В) старшая (Г) старинная
89. Её … брат учиться в школе. 90. Её сын не ходит, он ещё очень … . 91. Кто этот … человек? 92. Он довольно … мужчина. 93. Это его … сын.	(А) младший (Б) молодой (В) маленький
94. У него было … задание. 95. У неё … мнение по этому вопросу. 96. Это … событие в её жизни. 97. Он хочет купить что-нибудь … .	(А) особенное (Б) особое (В) специальное
98. Иван понимает все … . 99. На экзамене студенты решали трудные … . 100. Учёные всегда успешно решают важные … . 101. Ирина неплохо решает … . 102. На уроке они делали очень лёгкие … .	(А) задачи (Б) упражнения (В) проблемы (Г) тексты
103. Студент хорошо отвечал на … . 104. На уроке студенты часто задают … . 105. Он выучил все … . 106. Он неплохо решает … . 107. Завтра студенты будут пересказывать … . 108. Он не хочет решать … студентов.	(А) проблемы (Б) тексты (В) задачи (Г) вопросы (Д) слова

109. … пришёл вечером. 110. Через 15 минут … ушёл. 111. Когда пошёл … ? 112. Сегодня весь день идёт … . 113. Куда идёт твой … ?	(А) поезд (Б) друг (В) дождь
114. Я знаю … этого автора. 115. Театр носит … русского писателя М. Горького. 116. Первое … этой улицы – Светланская. 117. Как ваше … ? 118. Определите, пожалуйста, … текста.	(А) имя (Б) название (В) фамилию (Г) идею (Д) тему

ЧАСТЬ II

Выберите правильный вариант.

119. Мария познакомила нас … . 120. Наташа дала … ключи. 121. Я попросил … позвонить позже.	(А) от младшего брата (Б) младшему брату (В) с младшим братом (Г) младшего брата
122. Вам надо взять сборник … . 123. Им нравится … . 124. Она занимается … .	(А) русская проза (Б) русской прозой (В) по русской прозе (Г) русской прозы
125. Как ты мог опоздать … . 126. Студентам понравилось … . 127. Сегодня мы были … .	(А) на первое занятие (Б) первого занятия (В) первое занятие (Г) на первом занятии

128. Ты уже видел … ? 129. Мне стало плохо и я ушёл … . 130. Сегодня мы говорили … .	(А) интересный фильм (Б) об интересном фильме (В) с интересного фильма (Г) интересным фильмом
131. Памятник находится … . 132. Он ходит на работу … . 133. На карте города плохо видно … .	(А) этой площади (Б) на этой площади (В) по этой площади (Г) эту площадь
134. Мы очень интересуемся … . 135. Они говорят … . 136. В плане собрания нет … .	(А) этот вопрос (Б) этого вопроса (В) этим вопросом (Г) об этом вопросе
137. Сегодня все познакомились … . 138. На собрание пригласили … . 139. Расскажи, что ты знаешь … .	(А) о новом сотруднике (Б) с новым сотрудником (В) новому сотруднику (Г) нового сотрудника
140. Это интервью подготовила … . 141. Здесь фотографии … . 142. Он отдал материалы … .	(А) известную журналистку (Б) известная журналистка (В) известной журналистке (Г) известной журналистки

143. Я прочитал статью … . 144. Все интересуются проблемами … . 145. В движении за мир участвует … .	(А) о современной молодежи (Б) современной молодежью (В) современной молодежи (Г) современная молодежь
146. На конференции мы встретились … . 147. Новое направление исследования понравилось … . 148. На торжественном обеде были … .	(А) известные учёные (Б) известных учёных (В) известным учёным (Г) с известными учёными
149. Мне нравится знакомиться … . 150. Он не любит рассказывать … . 151. В коллективе нет … .	(А) с новыми людьми (Б) новых людей (В) новым людям (Г) о новых людях
152. Вчера у меня было два … . 153. В институте работает много … . 154. К больному пришли … . 155. Я часто встречаюсь … .	(А) старые приятели (Б) со старыми приятелями (В) старых приятелей (Г) старых приятеля
156. У меня нет … . 157. Его … живут в этом городе. 158. … нужно купить подарок сестре. 159. Я не считал, сколько … у Антона.	(А) братьев (Б) братья (В) братьям

160. До конца урока оставалось … . 161. Урок начался недавно, … . 162. Перерыв кончится … . 163. Урок начнётся … .	(А) через пять минут (Б) 5 минут (В) 5 минут назад
164. Я был во Владивостоке в начале … . 165. … часто бывают тайфуны. 166. … пролетел очень быстро. 167. Каникулы заканчиваются … .	(А) в августе (Б) август (В) августа
168. Мы поедем отдыхать… .	(А) следующий месяц (Б) в следующем месяце (В) следующего месяца
169. Новый дом построят … .	(А) будущая неделя (Б) на будущей неделе (В) будущую неделю
170. Они приходили … .	(А) среда (Б) на среду (В) в среду

ЧАСТЬ III

Выберите правильный вариант.

171. В этом году он начал … в университете.	(А) учиться (Б) научиться (В) учится

172. Я давно хотел … концерт симфонического оркестра.	(А) послушаю (Б) послушал (В) послушать
173. Ирина обязательно … в аспирантуру.	(А) поступить (Б) поступила (В) поступит
174. Они не … этот спектакль, потому что не смогли купить билеты.	(А) смотрите (Б) смотрели (В) посмотрит
175. Где вы будете … этим летом?	(А) отдохнуть (Б) отдыхаем (В) отдыхать
176. Сейчас он … русский язык, чтобы на следующий год поступить в университет.	(А) изучал (Б) изучает (В) изучать
177. Нам нельзя … на урок.	(А) опаздывает (Б) опаздывать (В) опаздывали
178. Мама быстро … завтрак и ушла на работу.	(А) приготовила (Б) готовила (В) готовит
179. Не волнуйся, я … тебе написать тест.	(А) помогаю (Б) помогу (В) буду помогать

180. Весь урок преподаватель … на вопросы студентов.	(А) отвечал (Б) ответил (В) ответит
181. Ей удалось … билеты на интересный спектакль.	(А) купить (Б) покупать (В) покупает
182. Иван закончил … письмо родителям.	(А) писал (Б) написал (В) писать (Г) написать
183. Студентка довольно быстро … статью.	(А) переводила (Б) переводит (В) перевела (Г) переведёт
184. Я сегодня … . 185. Отец всегда … от долгих бесед. 186. В конце урока он сказал, что сильно … .	(А) уставал (Б) устал
187. Я всё утро … её адрес. 188. Ты уже … , какой у него телефон? 189. Максим раньше часто … своих друзей.	(А) вспоминал (Б) вспомнил
190. Спортивный комплекс … за три года. 191. Во Владивостоке наконец … новый мост. 192. Это здание … весь год.	(А) строили (Б) построили

193. Мы же не опаздываем, почему ты … так быстро? 194. Ты … в библиотеку каждый день? 195. Куда ты сейчас … ?	(А) идёшь (Б) ходишь
196. Сегодня я … на рынок за продуктами. 197. Когда Игорь … в кино, на улице начался дождь. 198. Ты уже … к директору?	(А) шёл (Б) ходил
199. Вчера мы … на экскурсию. 200. Когда они … домой, на дороге произошла авария. 201. В прошлом году вы часто … кататься на коньках?	(А) ехали (Б) ездили
202. Завтра я должен … к врачу. 203. Ей нравится … по магазинам. 204. В этом году она не хочет … в Москву.	(А) ехать (Б) ездить
205. Ирина всегда … с собой сотовый телефон. 206. Дима идёт на свидание и … букет цветов своей девушке. 207. Посмотри! Какую тяжёлую сумку он … !	(А) несёт (Б) носит
208. Куда он должен … сегодня ? 209. Как быстро … время! 210. Мой отец геолог, поэтому он часто…в командировки.	(А) летит (Б) летает (В) лететь
211. Эти крупные минералы … наши геологи. 212. Куда вы нас … ? Это не та улица. 213. Родители часто … мне подарки.	(А) привезли (Б) привозили

214. Почему ты вчера так поздно … домой? Где ты был?	(А) подошёл
215. Поезд уже … к станции.	(Б) ушёл
216. Директора нет. Он … на обед.	(В) пришёл
	(Г) вошёл
217. Скажите, пожалуйста, как … до музея.	(А) дойти
218. Чтобы попасть в магазин, нужно … на другую сторону улицы.	(Б) перейти
	(В) зайти
219. Я попросил его … ко мне после занятий.	(Г) пойти
220. Извините, Петра Семёновича нет, он уже … домой.	(А) уехал
221. Антон опаздывал на поезд, поэтому он … на вокзал на такси.	(Б) переехал
	(В) проехал
222. Илья не живёт в общежитии, он … на квартиру.	(Г) поехал

ЧАСТЬ IV

Выберите правильный вариант.

223. Я знаю художника, который … .	(А) ты хочешь познакомиться
224. Я знаю художника, с которым … .	(Б) вы рассказываете
225. Я знаю художника, о котором … .	(В) нарисовал этот портрет
	(Г) понравился наш город
226. Он уже был на выставке, … ты интересуешься.	(А) которой
227. Он уже был на выставке, … снова откроется в следующем месяце.	(Б) о которой
	(В) которая
228. Он уже был на выставке, … спрашивал Антон.	(Г) на которую

229. Я взяла в библиотеке учебники, … тебе нужны. 230. Я купил книги, … есть твои любимые стихи. 231. Мы купили книги, … у нас не было.	(А) которые (Б) с которыми (В) которых (Г) в которых
232. Курс лекций по литературе … известным профессором.	(А) читал (Б) читался
233. Учёные, … эту проблему, работают в нашем университете.	(А) исследуемые (Б) исследующие
234. Мы уже получили письмо, … вами.	(А) написанное (Б) написавший
235. Это последний роман … писателем в те годы, когда он жил заграницей.	(А) написанный (Б) написан
236. Друзья сказали, … учиться в России очень трудно. 237. Мама попросила, … я купил овощи и хлеб. 238. Виктор дал мне учебники, … я мог подготовиться к экзамену.	(А) что (Б) чтобы
239. Я не могу заниматься, … у меня болит голова. 240. Завтра будет дождь, … мы не поедем на дачу. 241. Иван не купил новый телевизор, … у него не хватило денег.	(А) поэтому (Б) потому что
242. … выйти из дома, Алла проверила, выключила ли она воду. 243. … студент рассказал текст, преподаватели задали ему много вопросов. 244. … студенты прочитали текст, они отвечали на вопросы.	(А) перед тем как (Б) после того как

245. Он часто болеет, … часто ходит без головного убора. 246. … студенты побывали на экскурсии, они узнали много нового. 247. Виктор хорошо сдал экзамены, … он много занимался.	(А) благодаря тому что (Б) из-за того что
248. … на вопросы студентов, преподаватель показывал таблицы. 249. … на вопросы студентов, преподаватель пошёл на обед. 250. … на вопросы преподавателя, Ирина очень волновалась.	(А) отвечая (Б) ответив
251. Он не говорил, … . 252. Дома все обрадуются, … . 253. Он спрашивал, … .	(А) приедет ли брат (Б) если приедет брат
254. Хотя Антон окончил медицинский институт, он … . 255. Если он хорошо окончит школу, он … . 256. Когда он получит диплом, он … .	(А) поступит в университет (Б) ещё не начал работать по специальности (В) сможет работать врачом
257. Я не знаю, … его зовут. 258. Ирина спрашивает, … деньги. 259. Девушка объяснила мне … перевести этот текст. 260. Я не знаю, … туда идти.	(А) что (Б) где (В) как (Г) куда

부록 2. 동사 정리

Глаголы.

брать – взять	что?	ручку, книгу, журнал
будить – разбудить	кого?	сына, дочь
видеть – увидеть	кого? что?	школу, подругу
включать – включить	что?	радио, телевизор, свет
встречать – встретить	кого? что?	друга, поезд
вызывать – вызвать	кого? что? куда? к кому?	врача на дом, сотрудника к директору
выключать – выключить	что?	магнитофон, музыку
говорить – сказать	что? / о ком? о чём? кому?	адрес другу/ о покупке мужу
готовить – приготовить	кого? что? к чему?	блюда к ужину
готовиться – подготовиться	к чему?	к тесту, к соревнованию
давать – дать	что? кому?	книгу подруге
делать – сделать	что?	домашнее задание
есть – поесть – съесть	что?	пирог, торт, блюдо
ждать – подождать	кого? что?	преподавателя, автобус
забывать – забыть	что? / инф.	зонт, позвонить
задавать – задать	что? кому?	вопрос преподавателю, задание студенту
заказывать – заказать	что? кому?	блюдо, мороженое
закрывать – закрыть	что?	дверь, окно
звать – называть – назвать	кого? что? как?	сына Антоном
знакомить – познакомить	кого? с кем?	родителей с невестой
искать – поискать – найти	кого? что?	родственников, деньги, ключ
исправлять – исправить	что?	ошибку, букву
любить – полюбить	кого? что?	девушку, родину
менять – поменять – обменять	что?	товар, задание, квартиру, деньги
мыть – помыть – вымыть	кого? что?	окно, посуду, руки, ребёнка
навещать – навестить	кого? где?	друга в больнице

ненавидеть	кого-что?	врага, капусту
обижать – обидеть	кого?	ребёнка
обижаться – обидеться	на кого?	на отца
обманывать – обмануть	кого?	друга, преподавателя
обсуждать – обсудить	что?	вопрос, проблему
обожать	кого? что?	воспитателя, мороженое
объяснять – объяснить	что? кому?	правило студенту
отменять – отменить	что?	урок, собрание
открывать – открыть	что?	дверь, учебник
отправлять – отправить	что? кому?	письмо дедушке
переводить – перевести	что?	статью, текст
писать – написать	что? кому?	письмо сестре
петь – спеть	что?	песню, романс
пить – попить – выпить	что?	сок, молоко
платить – заплатить	что? за что?	деньги за учёбу
повторять – повторить	что?	слова, диалог
поздравлять – поздравить	кого? с чем?	бабушку с праздником
показывать – показать	кого? что? кому?	ребёнка родителям, дом покупателю
покупать – купить	что? кому?	продукты, фрукты маме
получать – получить	что?	письмо, посылку, визу
понимать – понять	кого?	преподавателя, родителей
посылать – послать	что? кому?	посылку брату
приглашать – пригласить	кого? куда?	девушку в ресторан
приносить – принести	что? кому?	словарь, хлеб бабушке
принимать – принять	что?	душ, ванну, лекарство
проверять – проверить	что?	задание, тест
просить – попросить	кого? +инф. / о чём? / чтобы	друга помочь/о помощи/ чтобы он помог
рассказывать – рассказать	что? /о ком? о чём? кому?	историю другу, об учёбе родителям
предупреждать – предупредить	кого? о чём? / , что …	друга об уроке, /, что сегодня нет урока
рисовать – нарисовать	кого? что?	человека, портрет
решать – решить	что? / инф.	задачу, позвонить
представлять – представить	кого? кому?	нового сотрудника коллективу
ругать – отругать	кого? за что?	сына за оценки
уважать	кого? за что?	друга за смелость
хвалить – похвалить	кого? за что?	дочь за успехи
спрашивать – спросить	кого?	преподавателя, директора

стирать – постирать	что?	бельё, кофты
строить – построить	что?	дом, школу
сравнивать – сравнить	кого? что? с кем? с чем?	Кирилла с папой, Сеул с Москвой
терять – потерять	что?	деньги, ключ
увольнять – уволить	кого? откуда?	сотрудника с работы
убирать – убрать	что?	мусор, комнату
учить – выучить	что?	слова, текст, диалог
читать – прочитать	что? кому?	статью, журнал, книгу сыну
требовать – потребовать	что? у кого? где?	документы у студента
уступать – уступить	что? кому?	место в автобусе пожилому человеку
влиять – повлиять	на кого?	на сына
обращать – обратить внимание	на кого?	на соседку
влюбляться – влюбиться	в кого? во что?	в Марину, в это платье
волноваться	за кого?	за детей
воспитывать – воспитать	кого?	сына, дочь
выходить – выйти замуж	за кого?	за друга, за начальника
жаловаться – пожаловаться	на кого? на что?	на директора, на климат
сердиться – рассердиться	на кого? за что?	на себя за слабость
пугаться – испугаться	кого? чего?	собаки, темноты
бояться	чего?	темноты
добиваться – добиться	чего?	результатов, успехов
достигать – достигнуть	чего?	успеха, цели
желать – пожелать	чего? кому?	счастья, здоровья бабушке
играть – поиграть – сыграть	во что? на чём?	в теннис, на гитаре
играть – сыграть	что? где?	главную роль в спектакле
класть – положить	что? куда?	вещи в шкаф
ставить – поставить	что? куда?	книги на полку
вешать – повесить	что? куда?	пальто на вешалку
возвращаться – вернуться	откуда? куда?	из Москвы в Париж
опаздывать – опоздать	куда?	в университет на занятие
садиться – сесть	куда?	на стул, на свободное место, на автобус
ложиться – лечь	куда?	на кровать, на диван, в больницу
ложиться – лечь (спать)	где? куда?	на диван, в гостиной

звонить – позвонить	кому?	другу, подруге
завидовать – позавидовать	кому?	детям, другу
объяснять – объяснить	кому? … , что… (где, когда…)	студенту, что надо много заниматься
сообщать – сообщить	кому? … , что… (где, когда…)	маме, где живёт её сын
рассказывать – рассказать	кому? … , что… (где, когда…)	родителям, когда будет собрание
передавать – передать	кому? … , что… (где, когда…)	
отвечать - ответить	кому? … , что… (где, когда…)	
советовать – посоветовать	кому? +инф.	другу купить новый автомобиль
обещать – пообещать	кому? +инф.	маме хорошо учиться
предлагать – предложить	кому? +инф.	сыну поступить в институт
относиться	к кому? к чему? как?	к другу хорошо
привыкать – привыкнуть	к кому? к чему?	к преподавателю, к климату
обращаться – обратиться	к кому?	к полицейскому
скучать – соскучиться	по кому? по чему?	по маме, по дому
видеться – увидеться	с кем?	с родителями, с братом
встречаться – встретиться	с кем?	с сестрой, с бабушкой
договариваться – договориться	с кем? (о чём? / инф.)	с друзьями о встрече / встретиться
знакомиться – познакомиться	с кем?	с преподавателем
ссориться – поссориться	с кем?	с друзьями
расставаться – расстаться	с кем?	с другом
разводиться – развестись	с кем?	с мужем
здороваться – поздороваться	с кем?	с директором
прощаться – попрощаться	с кем?	с друзьями
общаться – пообщаться	с кем?	с родными
пользоваться – воспользоваться	чем?	пылесосом
восхищаться – восхититься	кем? чем?	детьми, успехами
гордиться	кем? чем?	отцом, достижениями
любоваться – полюбоваться	кем? чем?	красотой
мочь – смочь	+инф.	построить дом
гулять – погулять	где?	во дворе, на улице
учиться – поучиться	где?	в институте

работать – поработать	где?	в фирме
отдыхать – отдохнуть	где?	на юге, в Корее
жить – пожить – прожить	где?	в России, в Москве
стоять	где?	на столе, в коридоре
лежать	где?	на диване, в больнице
висеть	где?	в шкафу, в комнате
сидеть	где?	на диване, в гостиной
думать – подумать	о ком? о чём?/ … , что…	о маме, о доме / … , что скоро будет лето
мечтать – помечтать		
беспокоиться – побеспокоиться	о ком? о чём? / … , что…	о детях, / … , что сын плохо учится
принимать – принять участие	в чём?	в соревнованиях
участвовать – поучаствовать	в чём?	в митинге
сомневаться – засомневаться	в ком? в чём?	в студенте, в своих силах
жалеть /сожалеть	о чём?	о прошлом
спорить – поспорить	о чём? с кем?	о жизни с родителями
договариваться – договориться	о чём? с кем?	о встрече с преподавателем
советоваться – посоветоваться	о чём? с кем?	о профессии с родителями
жениться – пожениться	на ком?	на Марине
вставать – встать		
болеть – заболеть		
погибать – погибнуть		

부록 3.
듣기 텍스트 전문

Синхронные тексты к заданиям. Субтест «Аудирование».

Текст 1.1

Было это давным-давно, более трёхсот лет назад, в Италии. Знаменитый скрипичный мастер Николо Амати привёл в свою мастерскую бездомного мальчишку Антонио и сделал его своим помощником. Антонио оказался очень старательным и уже в тринадцать лет сделал свою первую скрипку. А последний свой, более чем тысячный инструмент великий Антонио Страдивари сделал, когда ему было девяносто лет. Долгие годы одна мысль не давала Антонио покоя. Он уже известный мастер, своя мастерская, даже свои ученики есть, а своей скрипки нет. Все скрипки в его мастерской – это скрипки, которые он делал по образу и подобию скрипок своего великого учителя.

Шестьдесят лет было Страдивари, когда зазвучали его самые хорошие скрипки. Пели эти скрипки человеческим голосом. «Но где же «секрет Страдивари»?» – спросите вы. А его при жизни Страдивари и не было. Самую главную тайну нужно искать не в дереве, а в человеке.

Секрет Антонио Страдивари может принадлежать только самому Страдивари. И, как ни грустно, он умер вместе с ним.

Художники говорят, что научить рисовать можно любого человека. Но не каждый научившийся рисовать становится настоящим художником. Внутри у каждого настоящего художника обязательно есть свой идеал. Своя, пока ещё не сделанная, но уже звучащая и рвущаяся наружу «скрипка».

Великий Страдивари не просто создавал свои скрипки. Он был гениальным художником.

У него внутри жил идеал, голос его лучшей скрипки.

Текст 1.2

Жил в одной стране мудрый человек. Много бед испытал он в своей жизни, много радостей, а когда стал старым и почувствовал, что смерть не за горами, сказал своему сыну:

– Всё, что есть у меня, я передаю в твои руки. Теперь ты сам решай свою судьбу. Но будет у меня одна просьба к тебе: сейчас же отправляйся в путь и всюду, где ты будешь считать нужным, построй по одному прочному и надёжному дому, в котором ты смог бы укрыться, если придёт к тебе нужда и горе.

Взял сын с собой денег побольше и пошёл бродить по земле. Долго ходил он, и везде, где нравилось ему, он строил прекрасные дворцы. С лёгким сердцем вернулся он в родной дом. И снова позвал его отец и спросил:

– Выполнил ли ты мою просьбу, сынок? Есть ли теперь на земле дома, где ты сможешь найти приют в трудные дни?

– Да, отец, я построил их, – отвечал сын. – Всюду, где нравилась мне гора или поле, берег реки или моря, я строил прекрасные, прочные дворцы.

Нахмурился отец и сказал:

– Ты совсем не понял меня, сынок. Пустые дворцы, дорогой, не спасут тебя от беды, не укроют в горе. Нет, не об этих домах я говорил тебе. Я говорил о другом: иди по земле и в каждом краю старайся найти честных и верных людей. Подружись с ними, помоги им, если надо, и вот у них-то ты найдёшь верный и надёжный дом в тяжёлую минуту…

Знай, сынок: если есть у человека на земле честные и верные друзья, значит – есть у него всегда и дом, и убежище.

Текст 1.3 (диалог)

– Ира! Наконец-то я тебя нашёл.
– Привет, Андрей, а что случилось?
– Да понимаешь, у меня были билеты в театр, и я хотел тебя пригласить, но тебя не было в общежитии, и никто не знал, где ты.
– Очень жаль, что ты меня не нашёл. Я бы с удовольствием пошла в театр. А на какой спектакль у тебя были билеты?
– К нам во Владивосток приехал Мариинский театр из Санкт-Петербурга, и я с большим трудом достал билеты на балет Чайковского «Лебединое озеро».
– О, как жаль, что ты меня не нашёл, я обожаю балет! Особенно я люблю балеты Чайковского.
– Да, я тоже очень люблю балет, а особенно – «Лебединое озеро». Мне нравится музыка, декорации, танцы – всё в этой сказке о любви… Ира! И всё-таки, где ты была в это время?
– Я ходила вместе с друзьями на выставку картин в нашем музее.
– Ну что ж… Ладно, сходим на балет в следующий раз, а сейчас пойдём в библиотеку заниматься.

Текст 1.4 (диалог)

– Здравствуй, Лена! Как давно я тебя не видел.
– Привет, Олег! Я очень рада тебя видеть. У меня отличное настроение.

– Как сессия?
– Сегодня сдала последний экзамен.
– По истории?
– Нет, экзамен по истории я сдала ещё в прошлый вторник, а сегодня наша группа сдавала химию.
– Трудный экзамен?
– Да, надо было выучить 25 билетов, а в каждом билете по 2 вопроса.
– Ты, конечно, всё выучила, ты же всегда серьёзно готовишься.
– Да, я получила «пятёрку».
– Умница! А что теперь ты собираешься делать? Как всегда, поедешь к бабушке?
– Поеду, но через неделю, а завтра мы с подругой хотели пойти в одно место, мы давно туда собирались.
– Наверное, в парк на площади Баляева? Там много аттракционов.
– Нет, мы хотим покататься на фуникулёре. Оттуда город видно как на ладони. Можно увидеть море, бухту Золотой Рог, корабли…
– Я тоже давно туда собирался.
– Хочешь, пойдём с нами, ведь ты тоже сдал все экзамены?
– Да, сдал. Хорошо, пойдём. Где встречаемся?
– Мы будем тебя ждать завтра в 12 около фуникулёра.
– Отлично, до встречи.

Текст 2.1

Многие люди знают имя русского композитора Александра Бородина, но не все знают, что он был не только известным композитором, но и учёным-химиком.

Бородин родился в Санкт-Петербурге в богатой дворянской семье. Большую роль в жизни мальчика сыграл отец, который был очень талантливым человеком. Отец научил сына говорить по-английски, по-французски, по-немецки, играть на разных музыкальных инструментах, рисовать.

Когда Александру было 6 лет, он начал учиться в гимназии. Он был очень способным юношей и учился с большим интересом. Уже в гимназии Александр начал серьёзно заниматься химией, физикой, математикой, биологией. Его любимой книгой был учебник по химии.

Родителям мальчика нравилась медицина, поэтому они хотели, чтобы их сын стал врачом. По совету родителей Александр поступил в медицинский институт, который являлся тогда одним из лучших высших учебных заведений страны. Александр стал студентом первого курса медицинского института. В институте Александр с удовольствием изучал свои любимые предметы: химию, биологию, физику.

После окончания института он начал работать врачом в военном госпитале. Молодому врачу было 22 года. Но Бородин понял тогда, что он не может заниматься медициной всю жизнь. Ему больше нравилась самостоятельная работа в химической лаборатории. Он решил изменить профессию, – стал химиком. Бородин уехал в Москву и создал там химическую лабораторию.

Но учёный не забывал о музыке. В свободное время он часто играл на пианино или на скрипке. Занятия музыкой стали его любимым отдыхом. Когда Бородину было 35 лет, он написал прекрасную оперу «Князь Игорь» об истории русского народа.

Текст 2.2

Санкт-Петербург – сравнительно молодой город: в 2003 году ему исполнилось 300 лет. Туристы нередко находят в нём черты и европейских городов, и городов России.

Это город трёх революций – революции 1905 года, февральской революции 1917 года, Великой Октябрьской социалистической революции. Это второй город в России после столицы по численности населения, один из крупнейших промышленных и культурных центров страны, морской порт в Финском заливе Балтийского моря.

Более двухсот лет – с начала XVIII века до марта 1918 года – Петербург был столицей Российского государства. Его и сейчас неофициально в средствах массовой информации часто называют северной столицей. У этого города три имени – Санкт-Петербург, Петроград, Ленинград.

Город появился на этом месте в результате исторической необходимости: России нужен был выход к морю. 16 мая 1703 года в самом широком месте Невы заложили новую крепость.

Началось строительство нового города. Жизнь в городе была трудной: продукты привозили нерегулярно, часто вспыхивали пожары, строители жили в землянках, работали по пояс в воде, голодали, умирали от болезней. Но, несмотря на трудности, в 1712 году царь Пётр I объявил город столицей.

Текст 2.3 (диалог)

– Джон, привет! Где ты был? Я так давно тебя не видел в университете!
– Привет, Джек! Не удивительно, что ты меня не видел: я уезжал на экскурсию в Петербург.
– Вот здорово! Я давно мечтаю увидеть Санкт-Петербург. Друзья мне много рассказывали о нём. Какое впечатление произвёл на тебя этот город?
– Неповторимое! Я никогда не видел ничего подобного.
– А что особенно тебе понравилось в этом городе?
– Всё. Мне понравились его дворцы и парки, величавая Нева, и реки, и каналы, белые ночи и, конечно, люди.
– Ты много узнал об истории этого города?
– Да, мои друзья пригласили меня на автобусную экскурсию, и экскурсовод подробно познакомил нас с историей города. Правда, я не всё понимал: ведь экскурсия была на рус-

ском языке, но друзья переводили мне на английский в тех местах, где мне было совсем непонятно.

– И где же ты побывал во время экскурсии?

– Во-первых, нас отвезли в Петропавловскую крепость – это самое первое сооружение в Петербурге. Потом мы посетили Исаакиевский собор – это главный собор города, площадь Декабристов, на которой находится памятник Петру I. Знаешь, обо всём так на ходу и не расскажешь. Если хочешь, приходи ко мне вечером в гости, и я тебе подробно расскажу о своих впечатлениях.

– Хорошо, с удовольствием.

– Вот и отлично! Договорились. До вечера.

Текст 2.4 (диалог)

– Анна! Что с тобой? Ты так плохо выглядишь.

– Да, может быть. Я плохо себя почувствовала уже вчера вечером, но температуры не было, и я решила сегодня прийти на занятия.

– Вот это напрасно. Ты разве не знаешь, что сейчас во Владивостоке грипп?

– Да, слышала. Кажется, его называют «сиднейским».

– В газетах сообщают, что уже 700 жителей Владивостока заболели этим гриппом, и что он очень опасен.

– Ой! Не пугай меня! Я делаю всё, чтобы не заболеть: я ем много фруктов, принимаю витамин С, часто проветриваю свою комнату... Я всё-таки надеюсь, что я не заболела. Я просто устала, ведь я сейчас так много занимаюсь русским языком.

– Хорошо, если это так. Но лучше обратиться к врачу. Я советую тебе сейчас пойти домой, вызвать врача и лечь в постель.

– Я не хочу вызывать врача.

– Ну что ж, тогда ты можешь попробовать полечиться сама. Может, купить тебе какие-нибудь лекарства?

– Спасибо, у меня всё есть.

– Но не забывай и о народной медицине. У нас, у русских, есть хорошие средства от простуды: чай с малиновым вареньем, чеснок. Слышала об этом?

– Да, это я уже знаю. Спасибо. Я, наверное, сейчас пойду домой и начну лечиться. До свидания.

– До свидания. Не болей!

Текст 3.1

Иван Константинович Айвазовский родился в небольшом крымском городке Феодосии в семье армянского купца. Его талант проявился в раннем детстве. После окончания гимназии юноша поступил в петербургскую Академию художеств. Он учился в пейзажной мастерской, которой руководил известный художник того времени М. Воробьёв.

Ещё студентом Айвазовский начал выставлять свои картины на выставках. В 1837 году за картину «Спокойное море» он получил золотую медаль Академии художеств. После Академии художеств молодой художник вернулся в Феодосию, чтобы продолжить занятия живописью. Он посещал военные корабли, начал интересоваться морской баталистикой и отправился в свой первый морской поход.

В походе он написал виды Чёрного моря и Крымского побережья. Наконец Айвазовский убедился в том, что он стал художником, и поехал в Италию. Здесь он написал много картин, которые имели огромный успех.

По совету художника Александра Иванова Айвазовский отправляется путешествовать вокруг Европы. Он устраивает выставки в Венеции, Париже, Лондоне и Амстердаме. Вернувшись в Петербург, Иван Константинович узнал, что стал членом Российской Академии художеств.

Несмотря на признание, художник снова уехал в свой родной город Феодосию. Там он построил себе дом, мастерскую и открыл художественную школу. Летние месяцы он проводил в Феодосии, а почти каждую зиму уезжал в Петербург, где устраивал выставки своих картин.

В 1844 году Адмиралтейство назначило Айвазовского своим официальным художником.

Он стал участвовать в военных экспедициях, во время которых постоянно рисовал.

Всю свою жизнь художник занимался благотворительностью и большую часть денег, полученных от продажи картин, тратил на покупку произведений искусства для картинной галереи и Археологического музея, которые он открыл в Феодосии. Айвазовский оставил завещание, в котором передал городу свой дом и все свои картины.

Текст 3.2

Корреспонденты газеты «Комсомольская правда», собираясь в далёкую поездку к полярникам в Антарктиду, долго думали: какой подарок привезти им от журналистов Москвы. Дело было накануне Нового года, и все дружно решили, что надо повезти ёлку. И не синтетическую, а настоящую, лесную, чтобы и запах был, и вид.

В Антарктиде, как известно, ёлки не растут. Антарктида знает только три цвета: белый, синий и бурый – снег, небо и скалы. Поэтому зелёная красавица на суровом шестом континенте будет самой желанной и неожиданной гостьей.

Ёлку выбрали в подмосковном лесу. В редакции её одели в рубашку из прозрачного целлофана и сделали надпись: «От «Комсомолки» – полярникам Антарктиды». Потом ёлку отвезли в аэропорт и поставили в самолёте рядом с мешками, в которых лежали шапки, меховые сапоги и штаны.

Ёлка благополучно прилетела в Ташкент, затем она побывала в столице Индии – Дели. Побывала в Бирме и Индонезии, благополучно пролетела экватор. Но в большом путешествии невозможно без приключений. Полмира ёлка пролетела без визы. А в австралийском городе Дарвине корреспонденты забеспокоились. В анкете, которую надо было заполнить на таможне, было написано: «Не везёте ли животных или растений?»

Ёлку спрятали в самолёте: может быть, не заметят. Но нет, заметили. И ёлка была вынесена из самолёта на горячий, как сковорода, асфальт австралийского аэропорта. На все объяснения корреспондентов сотрудники таможни только очень вежливо пожимали плечами: «Ничего не поделаешь – закон». Но корреспонденты и экипаж самолёта не сдавались. И перед самым отлётом всё-таки ёлку отдали владельцам. После этого ёлка ещё побывала в Сиднее, потом в Новой Зеландии и наконец увидела белую Антарктиду.

Наконец лесная красавица попала на антарктическую станцию Мирный. В тепле ёлка расправила свои ветки, наполнила хвойным ароматом кают-компанию. Наступил её праздник. Это была самая необычная из всех новогодних ёлок на Земле.

Текст 3.3 (диалог)

– Привет, Наташа! Ты куда идёшь?
– Привет, Андрей! Извини, я очень спешу, поэтому не могу долго с тобой разговаривать. В 3 часа у меня начинается тренировка в бассейне, а сейчас уже без двадцати три.
– Ты ходишь в бассейн? А я и не знал… А когда ты начала заниматься?
– Совсем недавно. Дело в том, что я не умела плавать и очень боялась воды. Однажды летом мы с друзьями поехали за город на озере кататься на лодке. Мы неосторожно вели себя в лодке, и она перевернулась. Я начала тонуть, но мои друзья умели плавать и спасли меня. Этот случай произвёл на меня такое большое впечатление, что я сразу же пошла в бассейн и записалась в группу для начинающих.
– И тебе нравятся занятия?
– Да, у меня очень хороший тренер. Он так хорошо всё объясняет, что я очень быстро научилась плавать, а теперь я даже участвую в соревнованиях по плаванию.
– Очень интересно. Я бы тоже с удовольствием походил на эти занятия. Спроси, пожалуйста, своего тренера: можно ли мне прийти на тренировку.
– Хорошо, спрошу. А теперь я побежала. Пока!

Текст 3.4 (диалог)

– Здравствуй, Олег!
– Привет, Миша!
– Олег! Как хорошо, что я тебя встретил! В воскресенье день рождения у Тани, и она пригласила нас с тобой в гости. Пойдём?
– Надо подумать. У меня столько дел в воскресенье. Утром тренировка в бассейне, потом надо сходить в магазин за продуктами, приготовить обед и позаниматься русским языком.
– Олег! Таня пригласила нас к шести часам вечера, до этого времени ты успеешь сделать все свои дела. Ей будет очень приятно нас видеть. Только никак не могу решить, что же

ей подарить. Может быть, ты что-нибудь посоветуешь?
– Да, это сложный вопрос. Она хорошая спортсменка, любит играть в теннис и шахматы. Надо спросить её, может быть, ей нужна новая теннисная ракетка?
– Хорошая идея! Олег, у меня к тебе просьба: возьми с собой гитару. Ты отлично играешь на гитаре и прекрасно поёшь. Тане очень понравятся твои песни.
– Но ты ведь и сам играешь.
– Нет, так, как ты, я не умею. Я очень хотел бы научиться играть так же, как и ты. Мне, конечно, не надо выступать на концертах, но всё-таки хотелось бы играть лучше.

부록 4.
해답

СУБТЕСТ ЛЕКСИКА. ГРАММАТИКА:

Занятие 1.

1. А	2. Б	3. Б	4. А	5. Б	6. А	7. Б	8. В	9. В	10. Б
11. Б	12. А	13. А	14. В	15. Б	16. А	17. А	18. В	19. В	20. А
21. А	22. Б	23. В	24. Б	25. А	26. А	27. Б	28. Б	29. В	30. А
31. А	32. А	33. Б	34. А	35. Б	36. А	37. А	38. Б	39. А	40. В
41. Б	42. А	43. Б	44. А	45. А	46. Б	47. Б	48. Б	49. Б	50. А
51. Б	52. В	53. Б	54. А	55. А	56. А	57. В	58. Б	59. А	

Занятие 3.

12.

1. Г	2. А	3. Б	4. Б	5. В	6. А	7. А	8. В	9. Г	10. А
11. В	12. Б	13. Б	14. Г	15. В	16. В	17. Г	18. А	19. Г	20. А
21. Б	22. Б	23. Г	24. В	25. В	26. Б	27. Г	28. Г	29. Б	30. А
31. Г	32. В	33. А	34. В	35. В	36. А	37. А	38. А	39. Б	40. В
41. А	42. Б	43. В	44. А	45. А	46. В	47. А	48. Б	49. А	50. Б
51. В	52. Б	53. В	54. В	55. А					

Занятие 5.

10.

1. Б	2. А	3. Б	4. Б	5. А	6. А	7. В	8. Г	9. А	10. Б
11. Б	12. А	13. Б	14. А						

Занятие 6. (итоговый тест)

1. А	2. Б	3. Б	4. Б	5. Б	6. А	7. Б	8. Б	9. В	10. А
11. В	12. Б	13. В	14. Б	15. В	16. А	17. Б	18. В	19. В	20. А
21. В	22. А	23. А	24. Б	25. Б	26. Б	27. В	28. В	29. А	30. А
31. А	32. В	33. В	34. Б	35. В	36. В	37. А	38. В	39. Б	40. А
41. А	42. А	43. Г	44. В	45. А	46. В	47. Б	48. В	49. Б	50. А
51. Б	52. Б	53. В	54. Б	55. Г	56. Б	57. В	58. А	59. Б	60. А
61. Б	62. А	63. В	64. А	65. В	66. В	67. Б	68. А	69. В	70. Б
71. Б	72. Б	73. Б	74. В	75. В	76. В	77. Б	78. Г	79. В	80. А
81. Г	82. В	83. В	84. Г	85. А	86. Г	87. А	88. Б	89. Б	90. А
91. Б	92. Б	93. А	94. А	95. В	96. Б	97. А	98. А	99. Б	100. А
101. А	102. Б	103. А	104. Б	105. А	106. Б	107. А	108. Б	109. Г	110. А
111. Б	112. А	113. Б	114. А	115. А	116. Г	117. Б	118. В	119. Б	120. Б
121. Б	122. Г	123. А	124. Г	125. В	126. В	127. Б	128. Б	129. А	130. Б
131. А	132. А	133. Б	134. А	135. Б	136. Г	137. А	138. В	139. В	140. А
141. В	142. А	143. Б	144. Б	145. А	146. Б	147. Б	148. А	149. Б	150. Б
151. А	152. А	153. В	154. А	155. В	156. А	157. В	158. Б	159. Б	160. Б
161. Б	162. В	163. Б	164. Б	165. Б					

Приложение (тренировочный тест).

1. В	2. А	3. А	4. В	5. А	6. В	7. В	8. Б

9. В	10. В	11. Б	12. В	13. Б	14. Б	15. А	16. А
17. В	18. А	19. Б	20. В	21. А	22. А	23. В	24. Б
25. А	26. В	27. А	28. Б	29. В	30. Б	31. Б	32. Б
33. А	34. Б	35. Б	36. А	37. А	38. А	39. Б	40. А
41. Б	42. А	43. Б	44. А	45. А	46. Б	47. А	48. Б
49. Б	50. А	51. Б	52. Б	53. А	54. Б	55. В	56. А
57. А	58. В	59. А	60. Б	61. Б	62. А	63. В	64. Б
65. А	66. В	67. Б	68. В	69. В	70. Б	71. А	72. Г
73. Б	74. Б	75. А	76. В	77. Б	78. А	79. В	80. А
81. В	82. А	83. Б	84. В	85. А Б Г	86. А	87. А Б Г	88. А Б
89. А	90. В	91. Б	92. Б	93. А В	94. А Б В	95. Б	96. А Б
97. А	98. А Б В Г	99. А	100. А В	101. А В	102. Б	103. Г	104. Г
105. Б Г Д	106. А В	107. Б	108. А	109. А Б	110. А Б	111. В	112. В
113. Б	114. А В	115. А	116. Б	117. А	118. Г Д	119. В	120. Б
121. Г	122. Г	123. А	124. Б	125. А	126. В	127. Г	128. А
129. В	130. Б	131. Б	132. В	133. Г	134. В	135. Г	136. Б
137. Б	138. Г	139. А	140. Б	141. Г	142. В	143. А	144. В
145. Г	146. Г	147. В	148. А	149. А	150. Г	151. Б	152. Г
153. В	154. А	155. Б	156. А	157. Б	158. В	159. А	160. Б
161. В	162. А	163. А	164. В	165. А	166. Б	167. А	168. Б
169. Б	170. В	171. А	172. В	173. В	174. Б	175. В	176. Б
177. Б	178. А	179. Б	180. А	181. А	182. В	183. В	184. Б
185. А	186. Б	187. А	188. Б	189. А	190. Б	191. Б	192. А
193. А	194. Б	195. А	196. Б	197. А	198. Б	199. Б	200. А
201. Б	202. А	203. Б	204. А	205. Б	206. А	207. А	208. В
209. А	210. Б	211. А	212. А	213. Б	214. В	215. А	216. Б
217. А	218. Б	219. В	220. А	221. Г	222. Б	223. В	224. А

225. Б	226. А	227. В	228. Б	229. А	230. Г	231. В	232. Б
233. Б	234. А	235. А	236. А	237. Б	238. Б	239. Б	240. А
241. Б	242. А	243. Б	244. Б	245. Б	246. А	247. А	248. А
249. Б	250. А	251. А	252. Б	253. А	254. Б	255. А	256. В
257. В	258. Б	259. В	260. В				

СУБТЕСТ ЧТЕНИЕ:

Занятие 1.

1.

1. Б   2. А   3. Б   4. В   5. Б

2.

2 5 4 1 3

Занятие 2.

1.

1. В   2. В   3. Б   4. В   5. Б   6. А   7. В   8. В   9. А   10. В
11. В   12. Б   13. Б   14. Б

Занятие 3.

1.

1. А   2. В   3. А   4. Б   5. А   6. В   7. Б   8. Б   9. В   10. В
11. В   12. В   13. Б

Занятие 4.

1.

1. В 2. Б 3. В 4. А 5. В 6. А 7. А 8. В 9. Б 10. В
11. Б 12. В 13. Б 14. А

Занятие 5.

1.

1. В 2. В 3. Б 4. Б 5. Б 6. В 7. Б 8. Б

Занятие 6.

1.

1. Б 2. А 3. В 4. В 5. В 6. Б 7. Б 8. Б 9. В

Занятие 7.

1.

1. Б 2. Б 3. Б 4. В 5. В 6. В 7. Б 8. В 9. В 10. В

СУБТЕСТ АУДИРОВАНИЕ:

Занятие 1.

Текст 1.1. 1. В 2. Б 3. Б 4. Б 5. А; 6. Б
Текст 1.2. 1. В 2. А 3. В 4. А 5. Б 6. Б
Текст 1.3. 1. В 2. В 3. Б 4. В 5. Б
Текст 1.4. 1. Б 2. В 3. Б 4. В 5. Б 6. В 7. Б

Занятие 2.

Текст 2.1.	1. Б	2. В	3. Б	4. Б	5. В	6. В	7. Б
Текст 2.2.	1. Б	2. Б	3. А	4. В	5. Б	6. А	
Текст 2.3.	1. В	2. А	3. В	4. В	5. А		
Текст 2.4.	1. В	2. Б	3. В	4. А	5. Б		

Занятие 3.

Текст 3.1.	1. В	2. Б	3. Б	4. Б	5. А	6. Б	7. Б
Текст 3.2.	1. В	2. А	3. Б	4. А	5. Б	6. В	7. В
Текст 3.3.	1. Б	2. А	3. Б	4. В	5. В	6. А	
Текст 3.4.	1. В	2. А	3. В	4. В	5. А		

Литература, рекомендуемая для повторения грамматических тем

1. Василенко Е., Ламм Э. 60 уроков русского языка. Упражнения. – М.: Изд-во «Русский язык», 1993.
2. Аксёнова М. П. Русский язык по-новому. Ч. I–II. – Санкт-Петербург: Изд-во «Златоуст», 1999.
3. Будникова Г. А., Бойко Н. Ю., Зимина Л. В., Романов И. Н. Глаголы движения в русском языке. – Владивосток: Изд-во ДВГУ, 2001.
4. Золкина Н. Б., Будникова Г. А., Зимина Л. В. Виды глагола. Читать – прочитать. – Владивосток: Изд-во ДВГУ, 2003.
5. Хавронина С. А., Широченская А. И. Русский язык в упражнениях. – М.: Изд-во «Русский язык», 1996.

Литература, рекомендуемая для подготовки к субтесту «Чтение»

1. Читаем о России по-русски. – СПб., 1997.
2. Василенко Е., Ламм Э. Мы учимся слушать, понимать и говорить по-русски. – М., 1993.

Список использованной литературы

1. Практический курс русского языка. Учебное пособие для студентов нац. групп пед. институтов, под ред. Г. Г. Городиловой, А. Г. Хмары. – Л.: Просвещение, 1991.
2. И. М. Пулькина, Е. Б. Захава-Некрасова. Русский язык. Практическая грамматика с упражнениями для говорящих на английском языке. – М.: Русский язык, 1994.
3. Современный русский язык. Часть II (Морфология. Синтаксис). Под ред. проф. Е. М. Галкиной – Федорук М.: Изд-во Московского университета, 1964.
4. Государственный образовательный стандарт по русскому языку как иностранному. Первый уровень. Общее владение. – СПб, 1999.
5. Типовой тест по русскому языку как иностранному. I сертификационный уровень общего владения русским языком. – СПб.: Златоуст, 1999.

СУБТЕСТ. ПИСЬМО

Занятие 1.

1.

1. Фамилия, имя, отчество <u>Ким Хаксу</u>
2. Пол <u>мужской</u>. 3. Год, число и месяц рождения <u>1987 г., 15 января</u>
4. Страна <u>Республика Корея</u> 5. Место рождения <u>Республика Корея, Сеул</u>
6. Национальность <u>кореец</u>
7. Образование <u>Сеульский государственный университет</u>
8. Какими языками Вы владеете? <u>английский (свободное владение), русский (читаю и пишу со словарём)</u>
9. Какие имеете научные труды и изобретения? <u>не имею</u>
10. Выполняемая работа с начала трудовой деятельности (включая учёбу в высших и средних специальных учебных заведениях) <u>03.2004 – 02.2009 – Сеульский государственный университет, г. Сеул (бакалавр); 03.2009 – 12.2014 – компания «Хёндэ», г. Сеул (менеджер); 01.2015 – 12.2016 – компания «Самсунг», г. Сеул (менеджер по персоналу).</u>
11. Семейное положение <u>не женат</u>
12. Откуда прибыл(а) <u>Республика Корея, Сеул</u>
13. Домашний адрес <u>Республика Корея, Сеул, Содэмун-гу, Чхунджонро-2-га.</u>

2.

Ким Хаксу родился 15 января 1987 года в Сеуле (Республика Корея). По национальности – кореец. Окончил Сеульский государственный университет, получил звание бакалавра. Владеет английским (свободное владение) и русским (читает и пишет со словарём) языками. Научных трудов и изобретений не имеет. После окончания университета с марта 2009 года по декабрь 2014 года работал в компании «Хёндэ» менеджером, затем с января 2015 года по декабрь 2016 года – в компании «Самсунг» менеджером по персоналу. Не женат. Прибыл из Сеула (Республика Корея).

3.

Я прочитал(-а) текст об экологии.

Автор говорит, что в наше время люди сталкиваются со многими экологическими проблемами, и что по мнению учёных эти проблемы связаны с промышленным ростом и развитием цивилизации. Мне тоже кажется, что это так. Люди строят заводы, которые загрязняют воздух, воду, леса и землю. В результате деятельности человека исчезают многие виды животных и растений, нарушается биологический баланс.

Автор пишет, что страны ООН организовали агентства по защите окружающей среды, которые проводят конференции и обсуждают экологические проблемы. Я думаю, что такие организации не имеют значительной силы и не могут повлиять на экологию. Конечно, важно проводить конференции и обсуждать проблемы, но ещё важнее, чтобы каждый из нас чувствовал свою ответственность за всё, что происходит с природой.

Автор утверждает, что защита окружающей среды – это общая забота всех людей. Я согласен(-сна) с этим. По-моему, от нас зависит будущее планеты, жизнь наших детей и внуков. Поэтому каждый из нас должен уже сегодня думать о будущем и заботиться о планете.

Я прочитал(-а) текст об экологии.

Автор пишет, что экология занимается сохранением Земли, растений и животных, а также изучает окружающую среду.

Людям приходится сталкиваться со многими проблемами. Это кислотные дожди, глобальное потепление, разрушение озонового слоя, замусоривание и многое другое.

По мнению автора многие экологические проблемы связаны с промышленным ростом и развитием цивилизации в мире. Современные люди вмешиваются в природу, промышленность загрязняет атмосферу вредными веществами. Человечество засоряет планету, вырубает деревья и нарушает биологический баланс.

Страны-члены ООН организовали агентства по защите окружающей среды, на Байкале был открыт международный центр исследований окружающей среды. Также «Гринпис» делает многие для сохранения природы. Но это только первые шаги, человечеству нужно двигаться вперёд защищая природу и сохраняя жизнь на Земле для будущих поколений.

Занятие 2.

1.

Я прочитал(-а) текст о финском национальном характере.

По мысли автора, представления финнов о своём национальном характере не совпадают с впечатлениями иностранцев. Финны считают себя сдержанными, замкнутыми, не слишком общительными. А иностранцы говорят, что финны доброжелательные, обстоятельные, серьёзные, обладающие чувством юмора.

С точки зрения автора, некоторые качества финского национального характера вызывают восхищение, например, честность. Автор считает себя рассеянным человеком. Она несколько раз теряла свои вещи, например, паспорт, студенческий билет, зонт... И всегда все вещи ей возвращали. Автор пишет, что в Хельсинки можно оставить свой велосипед около метро на один день или на несколько дней, и его никто не возьмёт.

Автор утверждает, что каждая уважающая себя финка немного феминистка. Во-первых, финки предпочитают спортивный стиль в одежде, не стараются привлекать внимание мужчин. Во-вторых, финская женщина сама называет себя «работником» или «человеком», то есть не определяет себя именно как женщину. В-третьих, финки мечтают о карьере, не любят заниматься домашним хозяйством, поэтому роль домашней хозяйки в Финляндии абсолютно непрестижна. Интересно, что сегодня около трети членов финского парламента – женщины.

2.

У каждого народа есть свои национальные особенности. У русских они тоже есть.

По моему мнению, русские люди очень эмоциональные, темпераментные. Они обычно плачут или смеются от души, открыто выражают своё мнение.

Ещё русские рано взрослеют, становятся серьёзными: уже в 20-22 года задумываются о создании семьи, рождении и воспитании детей. Вместе с тем, даже женатые русские иногда ведут себя легкомысленно: могут за два дня потратить всю зарплату, а потом думать, как жить дальше... Это говорит о том, что русские любят крайности.

Кто-то думает, что русские ленивые. Я не согласен(-сна) с этим мнением. Быстрый темп современной жизни заставляет людей усердно учиться, искать работу, ценить своё рабочее место. Ленивые герои русских народных сказок остались в прошлом. Сегодняшние молодые русские – целеустремлённые, активные, готовы добиваться результата.

3.

Привет, Олег!
Как твои дела?
Пишет тебе Минсок. Ты помнишь, как мы познакомились с тобой на экскурсии в Ярославле?
Я сейчас в Сеуле, учусь в университете...

Здравствуй, Олег!
Я хотел бы переписываться с тобой.
Меня зовут Минсок, мне 23 года. Я кореец.
Я живу в Сеуле...
Здравствуй, Олег!

Я хотел бы переписываться с тобой.

Меня зовут Минсок. Мне 23 года. Я кореец.

Я живу в Сеуле, учусь на третьем курсе университета, изучаю экономику. Учиться очень трудно. Каждый день у меня 4-5 уроков. В свободное время люблю играть в футбол и баскетбол. По выходным плаваю в бассейне. Иногда хожу на футбольные матчи.

Я активный, весёлый, общительный и жизнерадостный человек. У меня много друзей. Я люблю интересно проводить время. Надеюсь, ты тоже.

В будущем планирую работать в большой компании, строить карьеру. Может быть, когда-нибудь открою свой бизнес. Ещё я хочу путешествовать. Я никогда не был в России, поэтому мечтаю увидеть Москву, Санкт-Петербург, Екатеринбург, Иркутск, Владивосток своими глазами.

Буду ждать твоего ответа!

Минсок
21.03.2017

Занятие 3.

1.

Привет, ребята! Я недавно ходил(-а) на день рождения к русской подруге и как раз перед её днём рождения прочитала статью о значении цветов. Оказалось, что значение цветов различаются в разных культурах.

Например, белый цвет в европейской культуре – символ чистоты и невинности, а во многих странах Азии – это цвет траура. Поэтому в Индии свадебные платья не белого, а красного цвета. В индийской культуре красный цвет обозначает любовь, жизнь и счастье.

Жёлтый цвет тоже имеет разное значение в зависимости от культуры. Например, в западной культуре это цвет солнца, радости и счастья. Но иногда он может символизировать зависть или предательство. Поэтому в России жёлтые цветы – символ разлуки и измены. Хорошо, что я не подарил(-а) букет жёлтых цветов своей русской подруге!

Еще я узнал(-а), что зелёный цвет расслабляет нервную систему. Он успокаивает глаза, понижает давление и подавляет аппетит.

Раньше я думал(-а), что чёрный цвет – цвет зла и смерти, но оказалось, что в арабских странах он символизирует любовь и интимность.

Я думаю, что при общении с друзьями из других стран очень важно помнить, что в их культуре цвета могут иметь совсем другое значение. Не удивляйтесь, если иностранный друг придёт в одежде странного цвета. Посмотрите, что этот цвет означает в его культуре.

2.

Дорогие мама и папа!

Как ваши дела? Как здоровье? Что у вас нового?

У меня всё хорошо. В России настоящая зима, холодно, много снега. Очень красиво!

Вы знаете, что моя учёба уже заканчивается. Сейчас я ищу интересную работу в России. Я хочу работать менеджером по работе с клиентами в продуктовом гипермаркете «Ашан». Это очень известная компания. Я должен буду искать клиентов, вести переговоры, знакомить покупателей с продукцией, оформлять документы... Сотрудники этой компании работают с понедельника по пятницу с 9 часов утра до 6 часов вечера.

Наверно, это трудная работа, потому что с людьми всегда сложно работать: нужно уметь строить отношения, договариваться. Но мне нравится такая работа, потому что я, как вы знаете, активный, общительный человек.

В этой компании много плюсов: пятидневная рабочая неделя, высокая зарплата, ежегодный отпуск 30 дней, возможность карьерного роста. Но есть и минусы: офис находится далеко от квартиры, которую я снимаю, добираться нужно часа полтора-два.

Хочу попробовать работать в «Ашане». Надеюсь, через несколько лет меня повысят, я стану начальником.

Кажется, всё.

До свидания!

Хёнджун
31.01.2017

Занятие 4.

1.

Я прочитал(-а) текст, который называется «Похвала и критика».

Автор говорит, что все люди – и мужчины, и женщины – нуждаются в похвале, но при этом обычно все с трудом воспринимают критику.

Автор пишет об одном эксперименте с начальниками и их работниками. Создавались ситуации четырёх типов. В первом случае начальники только хвалили работников. Во второй ситуации начальники только критиковали. В третьем случае – сначала критиковали, а потом выражали одобрение. Наконец, в четвёртой ситуации – сначала хвалили, затем критиковали. Результаты эксперимента были удивительными: больше всего работникам понравились начальники, которые сначала критиковали, а потом хвалили. Это говорит о том, что нам нравится, когда нас не только критикуют, но и хвалят.

Автор утверждает, что самое большое уважение вызывает руководитель, который умеет критиковать и способен оценить по достоинству наши заслуги. Интересно, что, чтобы завоевать расположение других, нужно так мало.

2.

Привет, Максим!

Как твои дела? Что у тебя нового?

У меня всё хорошо. Я поступила в Сеульский государственный университет. Он находится в Сеуле. Я хочу получить профессию переводчика, поэтому я поступила на факультет иностранных языков.

Каждый день у меня много уроков. Учёба начинается в 10 часов утра и заканчивается в 5 часов вечера. Есть небольшой перерыв на обед. После занятий я отдыхаю в кафе или немного гуляю. Часто приходится заниматься даже в выходные.

Конечно, учиться очень трудно. Но у меня появились новые интересные друзья. В нашей группе 12 человек. Все студенты – весёлые, активные, творческие люди. Недавно мы вместе ездили за город, катались на лыжах.

Сейчас я живу в общежитии. Оно находится в двух шагах от университета. Это очень удобно.

Моя новая жизнь мне очень нравится, потому что я люблю учиться!

На этом всё.

Жду ответа!

Ынби
10.03.2017

Занятие 5.

1.

Что такое дружба? Одни говорят, что точное определение этому социальному феномену пока не найдено, что дружба – это привязанность, взаимное уважение, вера друг в друга, общность интересов и взглядов, желание поддержать друг друга в тяжёлую минуту.

Другие считают, что дружба – это личные бескорыстные взаимоотношения между людьми, основанные на любви, доверии, искренности, взаимных симпатиях, общих интересах и увлечениях.

Наконец, третьи пишут, что дружба – это чувство, лежащее глубоко в сердце.

Учёные утверждают, что чаще всего дружат люди, которые похожи друг на друга, а сходство характеров облегчает им взаимное понимание.

Британские учёные считают, что от количества друзей зависят здоровье и продолжительность жизни человека. Одинокие люди живут меньше, чем те, у кого много друзей. И здоровье пожилых людей, которые общаются с друзьями, лучше, чем у тех, кто общается только с родственниками. Интересно, что когда у человека есть настоящие друзья, это сильно влияет на то, насколько счастливым он себя чувствует.

Говорят, что найти новых друзей нам помогает развитие социальных сетей в Интернете. Даже пожилые учатся пользоваться преимуществами всемирной Сети и общаться с друзьями с помощью компьютера.

Важно, что дружба отличается от приятельских отношений. Дружба не всегда связана с личным общением. Настоящие друзья остаются друзьями независимо от обстоятельств. Приятельские отношения зависят от общения, не связаны с чувствами и не порождают никаких взаимных обязательств или привязанности.

Исследователи пишут, что ошибочное принятие приятельских отношений за дружбу может привести к разочарованию и глубокой душевной травме. Как говорится, «выявит друга время, как золото – огонь».

2.

Привет, дорогая мамочка!
Как твои дела? Как здоровье? Что нового?
У меня всё в порядке. Живу в общежитии. Общежитие хорошее, новое, чистое. Оно находится недалеко от университета. Я живу на втором этаже, окна выходят на главную улицу.
Мне нравится моя комната. Она не очень большая, но зато уютная. Мы живём втроём: я и две мои подруги – Аня и Катя. Девочки спокойные, добрые, много занимаются.
В нашем общежитии живут студенты из разных стран: на первом этаже – из Франции и Италии, на втором – из Кореи, Китая и России, на третьем и четвёртом этажах – из Австралии и Америки. Я уже со многими познакомилась. Мы разговариваем по-русски и по-английски.
Около общежития есть большая студенческая столовая. Там мы завтракаем и обедаем. Там вкусно и недорого. Ужин мы готовим сами, у нас есть кухня. В пяти минутах ходьбы от общежития есть продуктовый магазин. Там большой выбор продуктов.
Сейчас начался семестр, поэтому у меня много уроков, свободного времени мало. В выходные мы с подругами занимаемся шопингом, гуляем около реки.
Кажется, всё.
Мама, жду твоего письма!
Привет папе и брату!

Хаын
5.09.2016

СУБТЕСТ. ГОВОРЕНИЕ

ЗАНЯТИЕ 1.

Задание 1.

1. – Марина сегодня плохо выглядит, у неё усталый вид.
   – <u>Да, правильно. Она сейчас очень устаёт, потому что у неё скоро экзамен, ей надо серьёзно заниматься.</u>
2. – Ты очень хорошо танцуешь! Ты где-то учился этому?
   – <u>Спасибо! Я несколько лет занимался в танцевальной школе.</u>
3. – Вы не знаете, как добраться до центрального рынка? Это очень далеко?
   – <u>Это совсем не далеко. Вы можете дойти пешком. Идите прямо, потом поверните направо. Там будет центральный рынок.</u>
4. – По-моему, этот фильм совершенно неинтересный! Мы только зря потратили время.
   – <u>Ну что ты! Я с тобой совершенно не согласен(-сна). Фильм прекрасный! Хорошо, что посмотрели.</u>
5. – Я знаю, что завтра ты уезжаешь в путешествие по Приморскому краю. Я хотел бы проводить тебя. Когда отправляется автобус? Откуда?
   – <u>Да, я завтра уезжаю. Автобус отправляется от центрального автовокзала в 9 часов утра.</u>
6. – Сейчас в автобусе у меня украли деньги. Что делать?
   – <u>Вам нужно обратиться в полицию. Позвоните по номеру 02.</u>
7. – Посоветуйте мне, где можно купить учебники и словари.
   – <u>Советую вам съездить в Дом книги, который находится в центре города. Там большой выбор учебников и словарей.</u>

Задание 2.

1. Здравствуйте! Будьте добры, на закуску – два салата «Оливье» и один салат «Цезарь», на второе – три порции пельменей, одну пиццу с курицей и помидорами, на десерт – торт «Сказка», из напитков – три апельсиновых сока. Это всё.
2. Здравствуйте! Меня зовут Джунсок. Моя младшая сестра хочет приехать во Владивосток учиться русскому языку. Ей 19 лет, она студентка первого курса, совсем не знает русский язык. У вас есть группы для начинающих? В какое время обычно проходят занятия в таких группах? Ей нужно купить учебники или Институт даст материалы для уроков?
3. Привет! Я слышал(-а), что вы с Машей недавно были на концерте Валерия Меладзе. Я тоже люблю его песни. Расскажите, где проходил концерт? Билеты были дорогие? Какие песни он пел? Вам понравилось выступление?

4. Извините, я хочу купить билеты на спектакль театра им. М. Горького. Подскажите, пожалуйста, где находятся театр и кассы? Это далеко отсюда? Можно дойти пешком или надо ехать на автобусе?
5. Здравствуйте! У меня скоро будет экзамен по русской литературе. Будьте добры, дайте мне, пожалуйста, роман А.С. Пушкина «Евгений Онегин» и сборник его стихов.

Задание 3.

Я прочитал(-а) текст, который называется «Отец и сын».

Герои рассказа – лётчик Бен и его десятилетний сын Дэви – прилетели на пустынный берег Красного моря, чтобы снимать фильм об акулах и потом получить за это большие деньги.

Бен взял кинокамеру, мясо для акул, пошёл к воде и обещал сыну вернуться примерно через двадцать минут. Сын остался ждать его.

Вокруг Бена было много акул. Плавать среди них было опасно. Бен увлёкся съёмками. Вдруг одна акула подплыла очень близко, и Бен почувствовал резкую боль в руке и ноге. Он с трудом всплыл на берег. Мальчик очень испугался, когда увидел отца в крови.

Конечно, Бен не мог управлять самолётом и попросил сына помочь ему. Отец говорил мальчику, что надо делать, и мальчик всё выполнял. Они летели несколько часов. Когда показался Каир, Бен потерял сознание, и Дэви не знал, как посадить самолёт. Поэтому он летал над аэродромом.

Наконец, Бен открыл глаза и помог сыну. Самолёт сел. Отец и сын были спасены.

Главная идея текста: автор показал отношения взрослого и ребёнка. В рассказе отец относится к сыну с уважением, как ко взрослому. А маленький сын ведёт себя мужественно, серьёзно. Значит, не нужно считать детей глупыми и беспомощными. Иногда у них больше опыта и мудрости, чем у взрослых.

Что мог чувствовать Дэви, управляя самолётом вместо отца?

Конечно, Дэви чувствовал сильный страх, потому что он знал, что управлять самолётом – очень трудно, особенно сложно посадить самолёт. При этом у него было чувство ответственности за себя и за раненого отца. Поэтому он смог благополучно приземлиться в Каире.

Задание 4.

Привет, Кёнмин!

Я слышал(-а), ты не знаешь, куда пойти учиться. Хочу тебе рассказать немного о своём университете.

Я учусь в Московском государственном университете. Это один из самых известных университетов России. Он находится на Воробьёвых горах.

Иностранные студенты обычно живут в общежитии. Оно располагается в двух шагах от университета. Здание старое, историческое, но в комнатах тепло и уютно. Некоторые студенты снимают квартиры.

Мы учимся с понедельника по пятницу. Лекции начинаются примерно в 10 часов утра и заканчиваются в 5 часов вечера. Студентов очень много, потому что МГУ – самый престижный вуз России. Иностранцев тоже много.

В свободное время студенты занимаются танцами, музыкой, спортом... Я тоже записался(-лась) в танцевальный кружок. Танцую по вечерам, после занятий.

У нас прекрасные преподаватели: с хорошим образованием, большим опытом работы, к студентам относятся уважительно, с пониманием. Они всегда готовы помочь студентам.

Я выбрал(-а) МГУ, потому что здесь есть большие перспективы найти престижную работу после окончания университета. Например, выпускники нашего факультета иностранных языков работают переводчиками, гидами за границей, преподавателями вузов.

Советую тебе зайти на сайт университета и посмотреть, какие факультеты и специальности есть в МГУ.

ЗАНЯТИЕ 2.

Задание 1.

1. – Ты, кажется, сдавал сегодня какой-то экзамен? Ну и как, сдал?
   – <u>Да, у меня был экзамен по грамматике. Мне повезло: был вопрос о шестом падеже. Сдал на «пятёрку».</u>

2. – Я плохо себя чувствую сегодня, голова болит, насморк. Посоветуйте, что мне делать...
   – <u>Советую тебе лечь в постель и отдыхать. Если хочешь, я могу сходить в аптеку и купить лекарство от гриппа.</u>

3. – Хочу купить Анне в подарок какой-нибудь дальневосточный сувенир. Что вы мне посоветуете?
   – <u>Подарите ей кружку с фотографией Владивостока. Это красиво и недорого.</u>

4. – Вы прекрасно играете в баскетбол! Вы, наверное, долго занимались спортом? В школе или в университете?
   – <u>Спасибо. Я с детства занимаюсь спортом, с десяти лет играю в баскетбол. Сначала играл(-а) в школе, потом продолжил(-а) в университете.</u>

5. – Я хочу получить визу для поездки в Японию. Что мне делать?
   – <u>Вам нужно обратиться в посольство Японии. Там вам скажут, какие документы надо подготовить.</u>

6. – Вы не знаете, какая погода будет завтра? Мы собираемся поехать за город.
   – <u>По радио сказали, что завтра ожидается похолодание: ветер, снег, температура воздуха – минус 10 градусов.</u>

7. – Завтра начинаются зимние каникулы. Вы первый раз в России зимой? Какие у вас планы на эти две недели?

– Я первый раз в России зимой. Я планирую посмотреть город, сходить в театр и музей. Потом хочу поехать за город кататься на лыжах.

Задание 2.

1. Здравствуйте, Ольга Сергеевна! Меня зовут Чансоп, я живу на втором этаже. Я хотел бы переехать на третий этаж, потому что сейчас у меня очень шумные соседи. Они целую ночь разговаривают, мешают мне спать. А на третьем этаже живёт мой близкий друг. Я хотел бы жить с ним.
2. Денис, привет! Извини, что я без приглашения. Я долго гулял(-а) в этом районе. Сегодня очень холодно, я так замёрз(-ла). Можно я немного посижу у тебя?
3. Маша, привет! Ты уже посмотрела новую комедию? Ну и как? Понравилось? Кто в главных ролях? Какой сюжет?
4. Серёжа, привет! Ты купил новую квартиру? От души поздравляю тебя с покупкой! В каком районе будешь жить? Сколько комнат в квартире? На каком этаже квартира? Куда выходят окна?
5. Костя! Так как ты первый раз во Владивостоке, советую тебе посмотреть маяк, мост через Золотой Рог, посетить известные храмы, океанариум, Военно-исторический музей.

Задание 3.

Я прочитал(-а) текст, который называется «Гадюка».

У Матрёны был немой сын – Пашка. Он потерял дар речи, когда котёнок погиб на его глазах. Никто не мог вылечить Пашку.

Матрёна попросила мужиков взять Пашку на рыбалку. Наловили много рыбы, выпили водки и Пашке налили. Пашка заснул под кустом.

Вдруг мужики увидели, что около ног Пашки лежит большая чёрная гадюка. Она заползла в Пашкин сапог. Мужики надели на сапог мешок и начали стягивать его. Пашка открыл глаза. Мужики сказали ему не двигаться, потому что у него на ноге лежит уж. Гадюка в этот момент сползла с ноги и вползла в пустой сапог. Мужики бросили мешок с сапогом в костёр.

Вдруг Пашка закричал, что не надо бросать ужа в костёр, потому что он не ядовитый. Мужики рассказали ему, что это была гадюка. Они очень удивились и обрадовались, что Пашка заговорил. Пашка сказал, что это гадюка помогла ему заговорить.

Главная идея текста: добро может творить чудеса. У Пашки доброе сердце. Он любит животных, жалеет их. Он стал немым, после того как увидел смерть котёнка. Он заговорил именно тогда, когда ему стало жалко гадюку.

Задание 4.

Привет, Илья!

Я с удовольствием расскажу тебе немного о своей работе.

Наша компания называется «Строй-лад», офис находится недалеко от центра города. Наша фирма занимается строительством домов. Она открылась в 1995 году.

Если ты планируешь работать у нас инженером, тогда тебе нужно будет делать проекты новых домов. Сейчас у нас уже есть два инженера, ты будешь третьим.

Мы работаем 5 дней в неделю с 9 утра до 5 вечера, с перерывом на обед. У нас длинный отпуск – 30 дней в году.

Мне нравятся мои коллеги: серьёзные, дружелюбные люди, с радостью помогают, если появляются вопросы. Всего работает около 50 человек.

Начальника зовут Игорь Петрович. Ему 55 лет. Он работает в строительной сфере уже 30 лет. Он отличный специалист, по характеру – строгий.

Иногда на работе бывают ужины, обычно перед большими праздниками или если у кого-то юбилей. А иногда мы все вместе ездим на природу. Арендуем дом отдыха, готовим шашлыки... Это весело!

Надеюсь, тебе понравится работать у нас!

ЗАНЯТИЕ 3.

Задание 1.

1. – Извините, Вы не знаете, как пройти к гостинице «Владивосток»?
   – <u>Это совсем недалеко отсюда. Спуститесь по улице, поверните направо. Прямо перед вами будет гостиница.</u>
2. – Ты отлично играешь на гитаре и поёшь. Ты сам сочиняешь песни?
   – <u>Что ты, конечно, нет. Я слушаю диски и запоминаю мелодии. Играть научился(-лась) в музыкальной школе.</u>
3. – Студентам нашего института предлагают экскурсии в Москву и Санкт-Петербург. Ты поедешь?
   – <u>Да, конечно, это так интересно! Я люблю путешествовать. А когда состоятся экскурсии?</u>
4. – Катя приглашает нас в гости. Пойдём? ...Но что взять с собой?
   – <u>Обязательно пойдём, а то она обидится. Нужно подарить ей цветы и фрукты.</u>
5. – Завтра ко мне в гости прилетят друзья из Японии. Их надо обязательно встретить. Ты мне не можешь помочь?
   – <u>Конечно, помогу. У меня есть машина. Можем вместе поехать на машине в аэропорт.</u>
6. – Вика заболела, у неё высокая температура. Пойдём после уроков навестим её?
   – <u>Конечно, пойдём, надо помочь ей. Давай купим ей аспирин, фрукты и мёд.</u>
7. – Я хочу купить себе компьютер. Ты не знаешь, где лучше это сделать?

– Знаю. Могу тебе посоветовать поехать в гипермаркет электроники. Там большой выбор компьютеров. И цены невысокие.

Задание 2.

1. Здравствуйте! Я хочу поехать на каникулы во Вьетнам. Я студент(-ка). Какие документы мне нужно приготовить, чтобы получить визу? Только паспорт? Или нужны ещё другие документы?
2. Здравствуйте! Мне очень плохо: болит голова, живот, тошнит. Мне кажется, у меня высокая температура. Что это может быть?
3. Извините, я иностранец(-нка). Я гулял(-а) и заблудился(-лась). Помогите мне, пожалуйста. Моё общежитие находится на улице Пушкина. Как доехать до этой улицы?
4. Дима, спасибо тебе за диск. Я посмотрел(-а) этот новый фильм. Очень хороший фильм! Интересный сюжет, известные актёры... Посоветую своей подруге тоже посмотреть.
5. Привет! Вчера мне написал мой друг из Кореи. Он сказал, что сейчас там очень жарко, уже давно нет дождя, люди ездят на океан купаться. Ещё он написал, что в пригороде Сеула открылся новый торговый центр с большим кинотеатром и бесплатной парковкой.

Задание 3.

Я прочитал(-а) текст, который называется «Новый Робинзон».

Главный герой рассказа, литовский спортсмен Паулус Нормантас, решил провести отпуск на берегу Аральского моря. Он взял лодку, немного вещей, продуктов и поехал.

Это было весной. Погода стояла холодная. Паулус плыл, потом решил подплыть к одному острову и отдохнуть. Он взял вещи, вышел на берег, осмотрел остров: на острове совсем никого не было. Когда он вернулся к воде, то увидел, что лодки нет: вода унесла её.

Паулус остался на острове один. Сначала он очень испугался. У него было немного вещей и продуктов. Он развёл костёр, приготовил чай. На следующую ночь он сделал для себя маленький домик.

Люди не приезжали. Продукты быстро кончились. Он чувствовал голод и холод.

На восьмой день Паулус начал подводную охоту. У него теперь была рыба. Жизнь стала легче. Погода становилась теплее. Стали появляться животные, птицы. Но вдруг на острове начался пожар, поэтому Паулус переплыл на соседний островок.

Прошёл месяц. Воздух теплел, но труднее становилось одиночество, поэтому Паулус разговаривал сам с собой, с птицами, с рыбами.

Он решил доплыть до людей. Девятого мая отправился в путь. Плыл медленно, иногда останавливался. Наконец, доплыл. Теперь нужно было идти сто тридцать километров, без воды и еды. На второй день он встретил людей, которые помогли ему доехать до посёлка.

Всего путешествие продолжалось пятьдесят пять дней. Паулус похудел, устал, но не сдался. Сейчас он вспоминает эту историю с улыбкой.

Главная мысль текста: человек никогда не должен сдаваться. Даже в трудной ситуации он должен стараться выжить. Всегда надо оставаться оптимистом и верить в лучшее.

Отношение к герою текста. Главный герой текста – Паулус – мне очень понравился. Он мужественный и сильный. Даже когда ему было очень трудно, он не терял надежду вернуться к людям. В результате, у него всё получилось.

Задание 4.

Мама, папа!

На следующей неделе в Сеул приедет мой хороший друг. Его зовут Николай. Ему 21 год, он студент, учится в МГИМО. Он высокий блондин, красивый, добрый.

Николай любит играть в баскетбол. Выходные обычно проводит в спортзале. Но он совсем не любит музыку. Поэтому мы с ним часто в Москве ходили на стадион, но ни разу не были на концертах.

Николай живёт с родителями и младшей сестрой. Его мама работает в школе учителем, а папа – бизнесмен. Сестра учится в старшей школе. Я видел(-а) их семью: очень приятные люди!

Николай и его семья часто ездят на дачу в Подмосковье. Там они вместе отдыхают, ходят в лес за ягодами, готовят шашлыки. Я тоже один раз ездил(-а) с ними. Это было интересно.

Мы познакомились с Николаем в университете, на студенческой конференции, где мы оба работали волонтёрами. И так стали друзьями.

Если у вас будет время, мы можем все вместе пообедать. Думаю, Николай вам понравится.

ДЛЯ ЗАМЕТОК

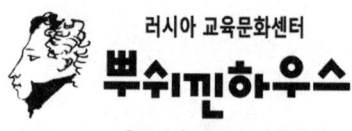

러시아 교육문화센터
뿌쉬낀하우스
교육센터 / 문화센터 / 출판센터
Tel. 02)2237-9387 Fax. 02)2238-9388
http://www.pushkinhouse.co.kr